Maanshan Changjiang Gonglu Daqiao

马鞍山长江公路大桥

Shigong Jishu yu Zhiliang Biaozhunhua

施工技术与质量标准化

（上 册）

马鞍山长江公路大桥现场指挥部　编著

人民交通出版社
China Communications Press

内 容 提 要

马鞍山长江公路大桥现场指挥部经过长期调研，认真总结了过去在混凝土结构物施工与管理中的经验与不足，充分集成所有参建单位的技术资源优势，编写了《马鞍山长江公路大桥施工技术与质量标准化》。本书包括塔柱、墩柱、锚碇、预制箱梁、现浇箱梁等12个篇章内容，主要涉及6个方面：解决混凝土质量通病，解决大体积混凝土裂缝控制难题，提高结构耐久性，解决马鞍山长江公路大桥特有的关键技术，解决施工过程中发现的新问题，提高全桥整体质量水平。本书采取图解形式，对施工规范及评定标准中重要内容进行细化，补充相关规范中未提及部分，强调施工中应着重注意的工序及方法。

本书可供桥梁设计、施工、监理及建设管理人员参考使用，也可供高等院校桥梁工程相关专业师生教学参考。

图书在版编目(CIP)数据

马鞍山长江公路大桥施工技术与质量标准化. 上册/马鞍山长江公路大桥现场指挥部编著. —北京：人民交通出版社，2012.10
 ISBN 978-7-114-10140-3

Ⅰ.①马… Ⅱ.①马… Ⅲ.①长江—公路桥—桥梁工程—工程质量—标准化—马鞍山市 Ⅳ.①U448.14-65

中国版本图书馆 CIP 数据核字(2012)第 242934 号

书　　名：	马鞍山长江公路大桥施工技术与质量标准化（上册）
著　作　者：	马鞍山长江公路大桥现场指挥部
责任编辑：	孙　玺　曲　乐　周　宇
出版发行：	人民交通出版社
地　　址：	(100011)北京市朝阳区安定门外外馆斜街3号
网　　址：	http://www.ccpress.com.cn
销售电话：	(010)59757969,59757973
总 经 销：	人民交通出版社发行部
经　　销：	各地新华书店
印　　刷：	北京盛通印刷股份有限公司
开　　本：	787×1092　1/16
印　　张：	16
版　　次：	2012年10月　第1版
印　　次：	2012年10月　第1次印刷
书　　号：	ISBN 978-7-114-10140-3
定　　价：	48.00元

(有印刷、装订质量问题的图书由本社负责调换)

马鞍山长江公路大桥
部省联合技术专家组技术顾问

组　　长：冯正霖

副 组 长：周海涛　　凤懋润

成　　员：王　玉　　项海帆　　范立础　　陈　新　　郑皆连
　　　　　李守善　　邵长宇　　吕忠达　　万珊珊　　周世忠
　　　　　吴胜东　　吉　林　　史永吉　　刘效尧　　林　鸣
　　　　　胡明义　　左明福　　张喜刚　　崔　冰　　李永铎

《马鞍山长江公路大桥施工技术与质量标准化》编委会

主　　任：周仁强

副 主 任：屠筱北　殷治宁

编　　委：殷永高　卞国炎　尹　平　欧阳效勇
　　　　　杨志德　季跃华　李宗民　郭主龙
　　　　　许　琪　胡先宽　薛　峰

编写人员

主　　编：殷永高

副 主 编：孙敦华　吴志昂

编写人员：章　征　吕奖国　张立奎　金　松　朱福春
　　　　　赵先民　杨道明　程华才　杨　敏　汪成龙
　　　　　刘　俊　欧阳祖亮　　　　党彦锋　吴义龙
　　　　　刘志刚　刁先觉　陆万富　吴德胜　武黎明
　　　　　王刘洋　纪厚强　朱瑞允　向文凤　明　昕
　　　　　葛德宏　刘新欣　吕永喜　陈功和　赵雪松
　　　　　冷正富　吴兴恕　张小军　华国兴

主编单位： 安徽省高速公路控股集团有限公司

马鞍山长江公路大桥现场指挥部

参编单位： 安徽省高速公路试验检测科研中心

中交第二公路工程局有限公司

中交第二航务工程局有限公司

中铁大桥局股份有限公司

中铁宝桥集团有限公司

路桥华南工程有限公司

安徽省路港工程有限责任公司

安徽省交通建设有限责任公司

中铁十四局集团第五工程有限公司

中国城建第二工程局有限公司

审核单位： 安徽省交通基本建设工程质量监督局

前　言

标准化建设是交通运输部在全国高速公路建设中开展的一项重要活动。通过开展标准化建设,将标准化要求贯穿于工程建设的各个环节,以建立科学、合理的标准化体系,进一步规范现场施工,优化资源配置,促进工程施工管理的标准化、规范化、精细化,确保工程品质。

为积极落实交通运输部开展标准化活动的要求,我们经过长期调研,认真总结了过去在混凝土结构物施工与管理中的不足,充分集成所有参建单位的技术资源优势,编写了《马鞍山长江公路大桥施工技术与质量标准化》。本书包括塔柱、墩柱、锚碇、预制箱梁、现浇箱梁等12章内容,主要涉及6个方面:解决混凝土质量通病,解决大体积混凝土裂缝控制难题,提高结构耐久性,马鞍山长江公路大桥特有的关键技术,解决施工过程中发现的新问题,提高全桥整体质量水平。编写过程中,我们力求采取图解形式,对施工规范及评定标准中重要内容进行细化,补充相关规范中未提及部分,强调施工中应着重注意的工序及方法。

通过一段时间的标准化建设,马鞍山长江公路大桥工程品质显著提升,混凝土结构物的各项指标明显高于规范与设计要求,2012年保护层合格率达到94.2%。钢结构探伤一次合格率超过99.9%,最终合格率为100%;制作与安装精度也明显高于设计与规范要求。

标准化建设是一个长期持久的过程,我们将按照交通运输部的相关要求,更加全面深入地推进标准化建设,让标准成为习惯、习惯符合标准、结果达到标准,不断提高马鞍山长江公路大桥工程品质,努力建设放心大桥、百年大桥!

由于编者水平有限,书中难免存在错误和疏漏,敬请读者给予批评、指正。

编　者
2012年10月

目 录

1 钢筋混凝土塔柱施工标准化

1.1 塔柱工程概述 ··· 3
1.2 塔座施工 ·· 4
1.3 液压爬架 ·· 6
1.4 钢筋 ·· 9
1.5 模板制作与安装 ··· 10
1.6 混凝土浇筑 ··· 13
1.7 混凝土养护与验收 ··· 14
1.8 横梁施工 ·· 16

2 锚碇沉井施工标准化

2.1 沉井基础概况 ·· 25
2.2 临时地基加固 ·· 27
2.3 沉井接高 ·· 28
2.4 沉井下沉 ·· 33
2.5 沉井封底 ·· 38
2.6 沉井填仓 ·· 39
2.7 井盖施工 ·· 41

3 锚碇锚体施工标准化

3.1 锚固系统加工及安装 ·· 45
3.2 鞍部施工 ·· 51
3.3 锚块及压重块施工 ··· 61

3.4 锚体冬季施工措施 …… 64

4 钢塔制作标准化

4.1 工程概况 …… 69
4.2 钢塔柱生产场地布置 …… 71
4.3 生产前期准备 …… 72
4.4 原材料 …… 74
4.5 板单元制作 …… 77
4.6 块体单元制作 …… 78
4.7 钢塔柱节段组焊 …… 80
4.8 钢塔柱节段机加工 …… 80
4.9 预拼装 …… 81
4.10 涂装 …… 83
4.11 存储 …… 84
4.12 运输 …… 85

5 钢塔起步段施工标准化

5.1 钢塔起步段概况 …… 89
5.2 下横梁支架施工 …… 90
5.3 T1 节段定位柱施工 …… 91
5.4 下横梁、T1 节段调节装置 …… 93
5.5 下横梁吊装 …… 94
5.6 T1 节段吊装 …… 95
5.7 叠合段试验 …… 96
5.8 叠合段施工 …… 98
5.9 无黏结预应力施工 …… 100
5.10 T2 节段吊装 …… 101
5.11 塔梁固接 …… 101

6 钢塔标准节段安装标准化

  6.1 标准节段安装概况 ·· 105
  6.2 D5200 塔吊拼装 ·· 107
  6.3 D5200 塔吊附臂安装 ·· 108
  6.4 塔吊顶升 ·· 109
  6.5 主动横撑安装 ·· 109
  6.6 定位、调节装置安装 ·· 110
  6.7 钢塔安装 ·· 112
  6.8 上横梁安装 ·· 113
  6.9 钢塔线形控制 ·· 114

7 钢筋混凝土拱形塔施工标准化

  7.1 拱形塔工程概况 ·· 119
  7.2 变曲率液压爬模 ·· 120
  7.3 模板制作与安装 ·· 122
  7.4 劲性骨架安装 ·· 124
  7.5 索导管安装 ·· 124
  7.6 钢筋安装 ·· 125
  7.7 预应力管道安装 ·· 125
  7.8 混凝土浇筑 ·· 126
  7.9 养护、凿毛 ·· 128
  7.10 线形控制 ··· 130
  7.11 塔顶合拢段施工 ·· 131

8 墩柱施工标准化

  8.1 墩柱工程概况 ·· 135
  8.2 预埋筋定位 ·· 136

8.3 凿毛 ······ 136
8.4 脚手架搭设 ······ 137
8.5 钢筋加工及安装 ······ 138
8.6 模板安装 ······ 141
8.7 混凝土浇筑 ······ 145
8.8 模板拆除、养生 ······ 147
8.9 脚手架拆除 ······ 147
8.10 质量评定 ······ 148
8.11 技术总结、交底、培训、交流 ······ 149

9 预制小箱梁施工标准化

9.1 预制箱梁工程概况 ······ 155
9.2 预制场地 ······ 156
9.3 原材料控制 ······ 157
9.4 底模 ······ 159
9.5 底腹板钢筋、预应力管道 ······ 159
9.6 侧模 ······ 160
9.7 钢筋笼吊装及保护层定位 ······ 160
9.8 顶板钢筋、负弯矩预应力管道 ······ 161
9.9 试件制与首件制总结 ······ 163
9.10 混凝土浇筑 ······ 164
9.11 混凝土养护与验收 ······ 165
9.12 预应力张拉 ······ 166
9.13 压浆及封堵头板 ······ 166
9.14 存梁 ······ 167

10 预制箱梁安装标准化

10.1 预制箱梁安装 ······ 171
10.2 附属构件施工 ······ 177

11 现浇箱梁施工标准化

- 11.1 现浇箱梁概况 ……………………………………… 187
- 11.2 工艺性试验 …………………………………………… 187
- 11.3 支架施工 ……………………………………………… 188
- 11.4 支座安装 ……………………………………………… 194
- 11.5 模板制作与安装 ……………………………………… 195
- 11.6 钢筋加工、安装 ……………………………………… 200
- 11.7 波纹管安装 …………………………………………… 202
- 11.8 钢绞线下料、穿束 …………………………………… 203
- 11.9 混凝土浇筑 …………………………………………… 206
- 11.10 混凝土养护 ………………………………………… 208
- 11.11 预应力张拉 ………………………………………… 210
- 11.12 孔道压浆 …………………………………………… 211
- 11.13 封锚、封孔 ………………………………………… 211
- 11.14 模板、支架拆除 …………………………………… 213
- 11.15 成品验收 …………………………………………… 213

12 试验检测标准化

- 12.1 总体要求 ……………………………………………… 217
- 12.2 资质及授权 …………………………………………… 226
- 12.3 仪器设备 ……………………………………………… 230
- 12.4 试验检测人员 ………………………………………… 236
- 12.5 试验台账及表格 ……………………………………… 238
- 12.6 核查验收 ……………………………………………… 239

参考文献 ……………………………………………………… 240

1 钢筋混凝土塔柱施工标准化

1.1 塔柱工程概述

马鞍山长江公路大桥主塔结构设计为门式结构(图 1-1),由塔座、(上、中、下)塔柱、塔顶鞍罩及上、下横梁组成,塔柱为钢筋混凝土结构,上、下横梁为预应力混凝土结构,塔柱高 185.8m。

图 1-1 马鞍山大桥门式塔柱

主塔按照自下而上的施工步骤,依次施工塔座、下塔柱、下横梁、中上塔柱、上横梁,横梁与塔柱采用异步施工,塔顶鞍罩在上部结构施工完毕后安装(图 1-2)。

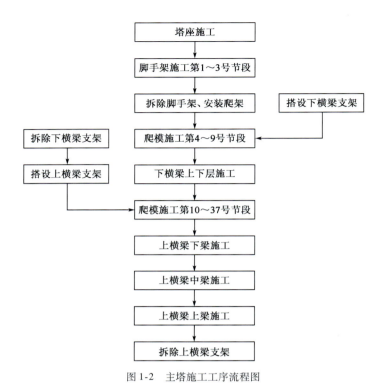

图 1-2 主塔施工工序流程图

1.2 塔座施工

塔座钢筋内层和外层交错布置,所以施工时要注意安装顺序,要按照由内而外,自下而上的顺序进行。尤其要注意保证斜向钢筋间距(图1-3)。

与承台相接处50cm塔座混凝土应与承台同步浇筑,以防止接缝处出现错台,影响塔座外观质量。浇筑时,该底部先浇塔座混凝土应向内平移50cm(图1-4),可有效防止塔座底部连接处产生裂缝,确保塔座混凝土的外观。

图 1-3 塔座钢筋全图

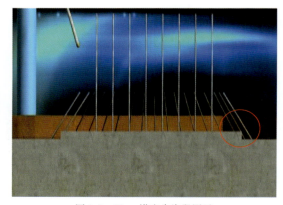

图 1-4 50cm塔座先浇段图示

塔座模板使用大片钢模板(图1-5),为保证大面平整,需要在承台内预埋模板内拉杆锚固点,模板横向拉杆间距要控制在75cm以内,以保证模板足够大的刚度。

塔座为棱台结构,为保证斜面混凝土浇筑时减少气泡、水印等外观缺陷,在塔座模板粘贴透水模板布(图1-6),可以有效解决以上问题。

 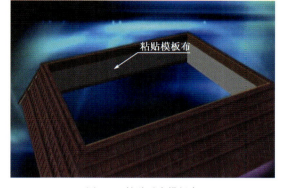

图1-5 塔座模板全图　　　　　　　　　　图1-6 粘贴透水模板布

塔座为大体积混凝土结构,为保证混凝土质量,在内部布设冷却水管,降低混凝土内部温度(≤75℃),控制混凝土内外温差不超过25℃(图1-7)。塔座内布置两层冷却水管,水平管间距80cm,两层水管竖向间距100cm。同时需要在塔座内预先布设温度监控元件,在混凝土浇筑后对内外温度进行监控。

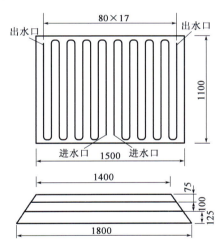

图1-7　塔座冷却水管布置图(单位:cm)

塔座施工时温度较低时,应在混凝土浇筑完后,对塔座外模用防风布进行包裹(图1-8),防止混凝土表面温度下降过快。

图1-8　塔座浇筑完后覆盖保温

1.3 液压爬架

1.3.1 组拼

爬架先在平台上分片拼装(图1-9),检查合格后再进行安装,单片质量要求小于5t。

图1-9 爬架平台拼装

在塔柱上进行拼装(图1-10),拼装完成后对爬架整体进行检查。检查内容包括:轨道是否与塔柱线形平行;承重挂钩是否紧贴承重销;保险销是否挂好;各层平台连接销轴是否都穿好安全销;平台连接是否稳固等。

图1-10 爬架塔柱拼装

1.3.2 爬升

爬架爬升工序的检查分爬升前和爬升后,根据检查表逐项检查并填写检查结果。

爬升前对电路系统和通信系统进行检查(图 1-11)。爬升时必须保证电路正常,通信频道通畅。

爬升前必须对塔柱试块试压,强度超过 25MPa(图 1-12),才可以爬升。

图 1-11 爬升前检查

图 1-12 塔柱试块试压

相关工作检查表见表 1-1、表 1-2。

马鞍山长江公路大桥塔柱( )液压爬模系统爬升准备工作检查表　　表 1-1

第 次爬升		从第 节到第 节	检查时间:		天气情况:
序号	准备工作内容	实 施 人	检查情况(实测值)		检 查 人
一	导轨爬升准备工作				
1	爬架悬挂件安装到位,高强螺栓紧固到位				
2	上部爬升锚板和爬靴实际位置和理论位置是否一致				
3	清洁所有导轨并在导轨表面涂上机油				
4	改变上下爬箱中复位机构摆杆的状态,使其一致向上				
5	液压装置操作人员、现场施工负责人、机务部、安全人员是否到场				
6	混凝土强度是否达到 25MPa 以上				
7	液压系统各部件和控制系统技术状态是否处于良好状况				
8	通信设备(对讲机)协调到位				
二	爬架爬升准备工作				
1	清除爬架上不必要的荷载(如钢筋头、氧气乙炔空瓶等)				
2	抬起爬升导轨底部支撑脚,并旋转伸长使其垂直顶紧塔身混凝土面				
3	完全松开支架下方的支撑脚				
4	改变液压油缸上下顶升弹簧装置状态,使其一致向下				

续上表

序号	准备工作内容	实施人	检查情况(实测值)	检查人
5	检查爬架长边与短边的连接(如电线)等是否已解除及安全防护绳是否已套牢			
6	检查塔吊至爬架主电缆的悬挂长度,保证爬架爬升时电缆有足够的长度			
7	液压操作由专人进行,现场施工负责人、机务部、安全员必须到场			
8	检查下节段混凝土修补是否已符合要求			
9	检查确认液压系统各部件和控制系统技术状况是否处于良好状况			

爬架爬升前必须按本表各项进行检查,并由相关人员签字,确认准备工作完全后进行爬升。

马鞍山长江公路大桥塔柱(　　)液压爬模系统爬升结束安全工作检查表　　表1-2

第　次爬升　　从第　节到第　节　　时　间:　　天气情况:

序　号	检查内容	实施人	检查人	检查情况
1	爬架爬升到位后,承重销及安全插销是否插到位			
2	改变上下爬箱中复位机构摆杆的状况,使其一致向上			
3	爬架爬升到位后,所有平台滚轮和撑脚是否顶紧混凝土面			
4	爬架固定后,安装锚固螺栓是否拧紧			
5	爬架各层操作平台的安全防护设施是否到位			
6	爬架固定后,转角部位连接是否牢靠			

说明:爬架爬升到位后必须按本表各项进行检查,经相关技术人员签字确定后,施工人员方可上爬架进行施工。

班组负责人:　　　意　见:　　　技术负责人:　　　意　见:
安　全　员:　　　意　见:　　　总　指　挥:　　　意　见:

爬架爬升完毕后,做好临边栏杆和安全网防护(图1-13)。

图1-13　爬架防护

1.3.3 拆除

清除爬架上的杂物,然后将爬架分片吊下(图1-14)。
在平台上进行拆散,打包。

图1-14 爬架分片吊装

1.4 钢筋

在现场设立钢筋加工场地(图1-15),专门用于加工和堆放塔柱钢筋。钢筋加工场地要求长大于40m,可以堆放两件12m长钢筋,宽度大于10m。钢筋经检验合格后进场,分类堆放在专用钢筋台座上,台座高50cm。暂时不用的钢筋要用防雨布进行覆盖。

加工好的钢筋需分类堆放,并上盖下垫,支垫高度不小于50cm(图1-16)。

图1-15 专用钢筋加工场地　　　　　图1-16 钢筋分类堆放

利用钢筋骨架进行钢筋的精确定位(图1-17)。严格控制保护层厚度(混凝土垫块强度等级不小于塔柱混凝土强度等级,布置密度为每平方米不少于5个)。

钢筋用塔吊吊上爬架,绑扎时要严格按图纸施工,尤其注意钢筋间距(受力钢筋间距允许误差±20mm,横向水平筋间距允许误差±10mm),以满足工后钢筋保护层合格率不低于90%(图1-18)。

图1-17　钢筋绑扎及保护层垫块设置　　　　　　　图1-18　钢筋间距控制

要认真检查预埋钢筋和通风管等其他预埋件位置(预埋件中心线位置允许误差±3mm;预留孔中心线位置允许误差±10mm,图1-19)。

图1-19　预埋件位置检查

1.5　模板制作与安装

1.5.1　组拼

模板在专用场地内搭设专用平台组拼(图1-20),组拼场地按照最大模板面积外扩1m设置,组拼平台高度大于1.8m,以方便工人紧固背面的锚固螺栓。抄平支架标高,保证四角高差不大于5mm,然后从下往上依次拼装模板。

模板使用进口维萨板,拼装时要使用紧张器,严格控制模板接缝和表面平整度,相邻面板接缝处错台不大于1mm,相邻面板间缝隙不大于2mm,拼装完成后要监理验收后才可使用(图1-21、图1-22)。

图 1-20　模板组拼专用平台

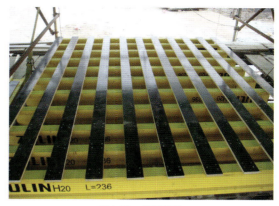

图 1-21　模板拼装

模板验收过后,安装之前要涂好脱模剂。

图 1-22　模板验收

1.5.2　安装

模板安装使用塔吊配合。先安装钢角模(图 1-23),就位后利用模板底口拉杆进行固定。底口预埋拉杆距混凝土接触面 10cm。

后安装四个大面模板(图 1-24),采用大面模板包角模的组合方式。但是要严格控制好大面模板的宽度,每边伸长量要小于 20cm,以免影响倒角对穿拉杆的安装。

图 1-23　钢角模安装

图 1-24　大面模板安装

模板安装就位后,测量模板并进行位置调整(模板轴线偏位允许误差±8mm;模板标高允许误差±10mm,图1-25)。

定位完成后,固定好模板上下口(图1-26),中间拉杆对穿,拉杆间距以混凝土侧压力计算得出。

图1-25 模板位置调整

图1-26 模板固定

1.5.3 脱模

等混凝土达到拆模强度后,开始拆模,首先将对拉杆松开,利用爬架上的模板调节装置将大面模板拉开(图1-27)。

角模拆除仍利用塔吊进行,松掉拉杆后将角模吊起(图1-28)。

所有拆除的模板应进行清理、除脏后(图1-29),刷好脱模剂备下一节段使用。

图1-27 大面模板脱模

图1-28 角模拆除

图1-29 模板清理

1.6 混凝土浇筑

混凝土浇筑前,要对砂石料质量严格控制。

水泥:选用同厂家、同牌号的低水化热的散装低碱水泥,避免使用早强水泥。

石料:选用无 AAR 反应、热膨胀小的石灰岩或玄武岩,最大粒径不超过 25mm,石料压碎指标值不大于 12%,针片状颗粒含量不大于 15%,含泥量不大于 1%。

砂子:选用级配合理、质地均匀坚固、吸水率底、空隙率小、粒形清洁的中砂,无 AAR 反应,其颗粒级配符合 Ⅱ 级区中砂($M_x = 2.6 \sim 3.0$),含泥量不大于 2%。

减水剂:选用聚羧酸系高效减水剂或同类泵送剂,减水率不小于 25%,与胶凝材料相容性良好。

粉煤灰:选用质量稳定的 Ⅰ 级(F 类)低钙原状灰。

现场搭设遮阳防雨棚,并修建临时冲洗台(图 1-30)。

利用钢筋标记对振捣位置和密度进行控制(图 1-31)。

图 1-30 临时冲洗台

图 1-31 振捣位置标记

利用标尺对振捣深度进行严格控制(振捣第一层混凝土时,振捣棒应距已硬化混凝土面 5cm;振捣上层混凝土时,振捣棒头应插入下层混凝土 $5 \sim 10$cm,图 1-32)。

图 1-32 振捣深度控制

利用中央集料斗,使各点均匀下料(图1-33),控制混凝土分层浇筑高度,每层不大于30cm。

浇筑时,底口周边用胶带和薄膜粘贴封闭,防止少量水涸到下面的节段(图1-34)。

图1-33　中央集料斗下料　　　　　　　图1-34　胶带及薄膜粘贴

技术员现场控制,确保振捣规范(图1-35)。

拆模后对混凝土外观质量仔细检查(图1-36),总结经验,指导下一节段施工。

图1-35　技术员现场控制振捣　　　　　图1-36　拆模后成品外观检查

1.7　混凝土养护与验收

在脱模之前,对顶面混凝土进行蓄水养护(图1-37)。

脱模后,立即开启喷淋系统,先期对混凝土进行喷水养护,保持本节段混凝土湿润(图1-38)。冬季要对养护水进行加热,在水箱上布置电热管,将养护水温度加热至20℃以上后使用。

水养三天后,等混凝土温度降低到与环境温度相当时,停止水养,刷专用养护液进行后期养护(图1-39)。

季风季节施工时,要用防风布对塔柱混凝土进行遮挡(图1-40)。

图 1-37 顶面蓄水养护

图 1-38 脱模喷水养护

图 1-39 涂刷养护液

图 1-40 防风布遮挡

冬季施工时,还要用厚棉被进行保温处理,气温低于零下5℃时要用特制电热毯对塔柱进行保温(图 1-41)。

驻地办应在结构物拆模的第一时间将外观图片及总体评述反馈到项目办、总监办。喷涂养护液之前,应完成塔柱的初步验收(图 1-42),各项指标应满足《马鞍山长江公路大桥专项质量检验评定标准》。特别强调,工后钢筋保护层合格率应不低于90%,接缝处错台不得大于3mm。

图 1-41 冬季保温

图 1-42 塔柱验收

1.8 横梁施工

1.8.1 横梁支架搭设

塔柱施工期间,同步施工横梁支架(图1-43)。支架采用少支点钢管支架,设计支架方案要附计算书。

钢管支架采用法兰连接(图1-44)。钢管接高时,应严格调整立柱的垂直度。

图1-43 钢管支架搭设

图1-44 支架法兰连接

立柱垂直度调好后,下横梁采用低墩支架,每9m设置一道焊接平联(图1-45)。

上横梁高支架采用每20m设置一道平联的方式,保证支架稳定性(图1-46)。

支架顶口设置横向顶推管(图1-47),顶推管直径根据顶推力和长度计算确定,顶推管端头要用加劲板加强。顶推管中间根据千斤顶长度预留顶推空间。

图1-45 支架焊接平联

图1-46 上横梁高支架平联

钢管支架顶口用劲板加强,封板后每根管口布设型钢支墩(图1-48),支墩顶面根据预拱度要求调整标高,标高误差要求±2mm。调好后支墩上架设钢主梁。

图1-47 横向顶推管

图1-48 管口设置钢支墩

主梁上铺设贝雷架做分配梁(图1-49)。贝雷梁全部销接,并按照要求每3m布置一道连接片。

贝雷梁按照图纸要求的间距布置(图1-50),误差控制在±20mm以内,顶口清理干净,防止影响底模标高。

图1-49 贝雷架分配梁

图1-50 贝雷梁布设

端头根据图纸上梁底与塔柱接头处的形状要求制作异形贝雷梁(图1-51)。

在铺设底模之前,按照设计推力对顶推管进行分级顶推(图1-52)。顶推时,测量人员负责对塔柱位移进行监控。

图1-51 端头异形贝雷梁

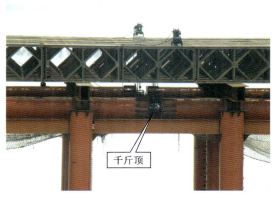
图1-52 千斤顶分级顶推

顶推到位稳定后,将两边管头用型钢焊接,焊接完成后再卸载(图1-53)。

图1-53 顶推后焊接固定

1.8.2 横梁底模铺设

贝雷梁顶按照图纸铺设底模分配梁,间距要准确,误差控制在±20mm以内(图1-54)。

铺设底模钢板,并在分配梁上搭设施工用脚手架,脚手架要满铺跳板,外侧挂好安全网(图1-55)。

底模铺好后,要仔细检查钢板间错台,严格按照错台小于2mm控制(图1-56)。

图1-54 铺设分配梁

图1-55 铺设底模钢板

图1-56 底模错台检查

1.8.3 横梁钢筋施工

横梁钢筋和波纹管伸入塔柱部分,采取在塔柱施工时预埋钢筋及连接套筒的方式施工,尤其应注意接头的包裹保护(图1-57)。

施工横梁钢筋时,先将横梁与塔柱接头处凿毛,波纹管处剔槽深度应不超过保护层厚度(图1-58)。

图1-57 横梁钢筋及波纹管套筒连接

图1-58 接头处凿毛处理

横梁与塔柱连接处一定要将钢筋接头旋紧,并保证连接可靠(图1-59)。

横梁钢筋按照规范要求绑扎,预应力波纹管接头处一定包裹严实,防止漏浆(图1-60)。保护层垫块按5块/m^2呈梅花状布置。

图1-59 钢筋接头连接

图1-60 横梁钢筋及波纹管安装

1.8.4 横梁侧模及内模施工

侧模采用逐段拼接安装,模板接头处要贴好止浆条(图1-61),防止浇筑中出现漏浆现象。侧模装完后,由测量人员对模板位置进行调整验收。

内模采用组合钢模拼装,拼装时要检查内腔尺寸及内模保护层,内模以定位好的外模为基准安装,调整误差允许值±3mm,拼接螺栓及卡扣都要连接到位(图1-62)。

图 1-61　横梁侧模安装

图 1-62　横梁内模安装

1.8.5　横梁混凝土施工

由于横梁较长,所以使用两台集料斗进行浇筑(图 1-63),每个集料斗设置 10 个滑槽,保证各点可以均匀布料。

由于横梁混凝土方量大,涉及夜间浇筑时,一定要做好照明和安全防护工作(图 1-64)。

图 1-63　中央集料斗下料

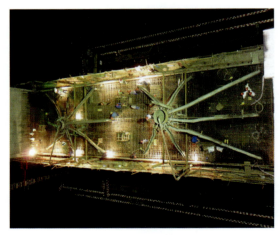
图 1-64　夜间浇筑施工

混凝土浇筑期间,为防止波纹管漏浆凝固住钢绞线,要不断对预先穿好的钢绞线人工进行抽拉(图 1-65)。

横梁一般分两次浇筑,一层浇筑完后要对顶口混凝土进行凿毛,二次浇筑完后要对混凝土表面进行收光(图 1-66),为保证顶面混凝土光滑平整,收光要分三次进行。

收光之后,要对顶面混凝土进行覆盖洒水养护(图 1-67),养护频率以保证表面湿润为准。

拆除底模分配梁时,为防止碰坏横梁边角混凝土,要用镀锌角钢对横梁底边进行包边防护(图 1-68)。

图 1-65　钢绞线人工抽拉

图 1-66　顶面混凝土收光

图 1-67　顶面洒水养护

图 1-68　边角混凝土防护

2 锚碇沉井施工标准化

2.1 沉井基础概况

南锚碇沉井基础采用平面尺寸为 60.2m×55.4m（第 1、2 节沉井长和宽分别为 60.6m 和 55.8m）的矩形截面，平面布置为 25 个井孔，沉井高 48m，共分 9 节，第一节为钢壳混凝土沉井，其余为混凝土沉井。其结构尺寸见图 2-1、图 2-2，地质情况见表 2-1。工艺流程见图 2-3。

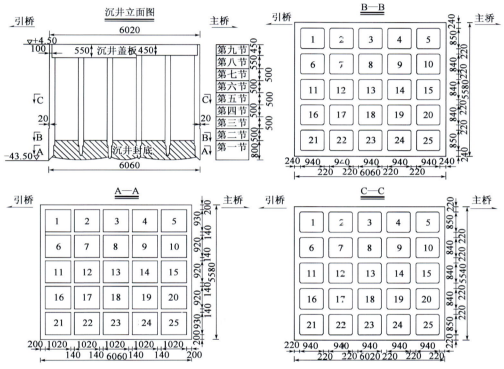

图 2-1 沉井基础结构图

注：图中除标高单位为 m 外，其余尺寸单位均为 cm。

地质情况汇总表　　　　　　　　　　　　　　　表 2-1

地质编号	土层名称	顶标高(m)	底标高(m)	厚度(m)	钻孔桩桩侧土摩阻力标准值 τ_i (kPa)	承载力基本容许值(kPa)
①1	粉土	6.5	5.65	1.15	20	90
②2-1	粉质黏土	5.65	1.79	3.86	60	250
②3-2	粉质黏土	1.79	-2.85	4.64	25	120
②4	粉砂	-2.85	-11.53	8.68	25	90
③5	细砂	-11.53	-33.78	22.25	40	200
③6	中砂	-33.78	-40.80	7.03	45	370
③7-1	细砂	-40.80	-43.68	2.88	60	300
③9	圆砾土	-43.68	-53.61	9.94	150	600

图 2-2 沉井基础整体图

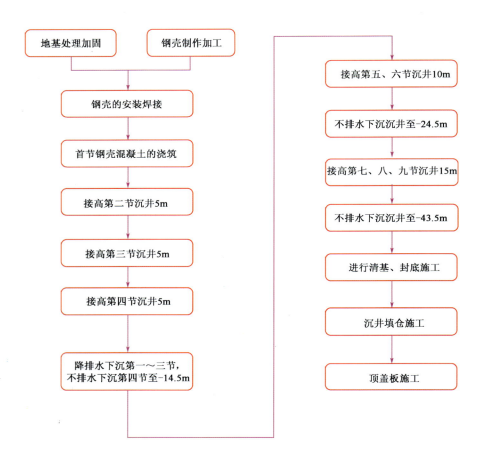

图 2-3 沉井施工流程图

2.2 临时地基加固

2.2.1 砂桩施工

试桩施工：首先进行砂桩机的试桩施工，确定砂桩间距、桩长等工作参数。

工程桩施工：根据试桩确定的工程参数，做好桩距、桩长、柱径、竖直度、灌砂量等项目的控制工作（图2-4、图2-5）。

图2-4 试桩施工

（1）工程桩长8m（底标高为-6.0m），桩径为0.5m，桩间距为1.2m，桩身材料为50%粉砂+50%中粗砂。

（2）砂桩施工前，在桩位处铺设30～50cm厚的桩体用砂。

（3）反插次数不少于5次，要经常对管内存料进行检查，依据存料确定反插深度。

（4）保持桩机垂直度，桩管偏差小于桩长的1%，充盈系数≥1.35，且砂密实。

图2-5 砂桩机

2.2.2 换填层施工

换填层试验:根据换填层设计材料,选择一小块场地进行换填处理,并进行平板荷载试验,确定换填材料为50%粉砂+50%石屑,换填层厚度为2.5m(图2-6)。南锚碇沉井基础首次接高4节,换填后地基承载力要求不小于624kPa。

图2-6 换填层荷载试验

换填施工:分层厚度不超过30cm,使用16t振动压路机压实至中密状态(图2-7)。

换填层形状为棱台形,周边标高+3.5m,中间标高+5.3m,平面高差控制在5cm以内,与沉井隔墙形状贴切,提高换填层整体质量,有效减少沉井沉降(图2-8)。

图2-7 换填层施工　　　　　　　图2-8 棱台形换填层

2.3 沉井接高

2.3.1 钢壳拼装

钢壳存放:在钢壳表面清晰标记钢壳标号,使用枕木垫放,叠加高度不超过2层(图2-9)。

垫块安放:在后场预制1.2m×0.6m×0.2m的混凝土垫块,在换填层对应钢壳位置进行安放,并涂抹砂浆精细调平。调平后垫块顶面四角标高与钢壳底部设计标高误差小于2mm(图2-10)。

图 2-9 钢壳标记存放

图 2-10 垫块安放

钢壳临时固定：首先吊装第一个节段，进行纵、横、高度三个方向定位调整，临时固定，以此节段作为定位基准段拼接其他钢壳，待拼装一定数量节段后，统一焊接（图 2-11）。

在两块钢壳接缝处底部增设 2cm 厚钢托板，保证钢壳拼接质量（图 2-12）。

图 2-11 钢壳临时固定

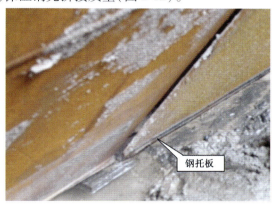
图 2-12 钢托板

工地焊接：每条焊缝都分配合格焊工，提高焊工责任心，保证焊缝质量（图 2-13）。

砂袋加固：在钢壳拼装成封闭宫格后及时使用砂袋堆填钢壳刃角部位，扩大受力面积，减少钢壳沉降（图 2-14）。

图 2-13 焊接考核

图 2-14 砂袋加固

2.3.2 钢筋制安

在现场设立钢筋场地,专门用于加工和堆放钢筋。进场钢筋先进行检验,然后分类堆放在专门的钢筋台座上。暂时不用的钢筋要用防雨布进行覆盖。加工好的钢筋要分类堆放,上盖下垫(图 2-15)。

钢筋绑扎:钢筋绑扎利用钢筋骨架进行精确定位,先绑扎沉井隔墙壁体钢筋,形成框架后绑扎隔墙内部钢筋(图 2-16)。

图 2-15　钢筋场地堆放

图 2-16　沉井隔墙壁体钢筋

绑扎时要严格按图施工,严格控制钢筋间距及保护层厚度(图 2-17)。

图 2-17　钢筋绑扎

预埋施工:要认真检查预埋钢筋和沉井监控及其他埋件数量及位置(图 2-18)。
注意事项:钢筋作业为高空作业、临水作业,需要做好安全防护工作(图 2-19)。

图 2-18　埋件预埋

图 2-19　安全防护设施

2.3.3　模板施工

涂刷脱模剂：均匀涂抹脱模剂，略风干，采取隔离雾水、尘埃、蚊虫措施（图 2-20）。

模板安装：模板接缝位置粘贴双面胶带以防漏浆（图 2-21）。对拉拉杆顶端使用扎丝绑扎，防止螺母松动（图 2-22）。

图 2-20　涂刷脱模剂　　　　　　　　　图 2-21　接缝处理

模板按照先内侧后外侧的顺序安装(图2-23),安装时测量每个隔仓内模的八个拐点,确保精度符合设计要求。混凝土浇筑时,每2个小时测量模板位置一次。

图2-22 扎丝固定

图2-23 模板安装

模板拆除后,将沉井隔墙上的拉杆孔堵塞(图2-24)。

图2-24 堵塞拉杆孔

2.3.4 混凝土浇筑及养护

混凝土浇筑:使用4台托泵、4台布料机对称浇筑,以减少沉井不均匀沉降(图2-25)。

图2-25 混凝土浇筑

注意事项:因单次浇筑最大方量为 7 000m³,浇筑时间跨度较长,夜间施工要做好照明作业。除四周照明灯外,另配置 30 台小型碘钨灯,固定于干燥木条上,手持部位使用绝缘胶带绑扎(图 2-26)。

图 2-26 夜间照明

混凝土养护:在混凝土表面强度达到 0.5MPa 后,及时进行凿毛处理,并覆盖土工布洒水养护,养护标准以保持土工布湿润为佳(图 2-27)。

图 2-27 混凝土养护

2.4　沉井下沉

南锚碇沉井基础共有 9 节,首次接高第 1~4 节,采用降排水下沉工艺,下沉至 -14.5m;第二次接高第 5~6 节,采用半排水下沉工艺,下沉至 -24.5m;第三次接高第 7~9 节,采用不排水下沉工艺,下沉至 -43.5m。下沉最后阶段采用空气幕助沉。

2.4.1　降排水下沉

降水井施工:在沉井周边布置 26 口降水井(图 2-28),井深 32m,孔径为 325mm。在靠江侧降水井内配备 14 台 125m³/h 的高压泵,远离江侧配备了 12 台 80m³/h 的高压泵。

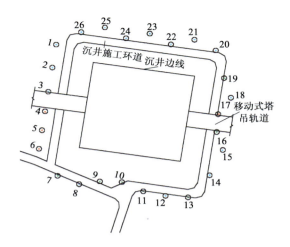

图 2-28　降水井布置

使用 SPG-200 型钻机施工沉井周边降水井。施工过程中控制井孔垂直度不大于 1%。(图 2-29)。

弃土场：将弃土场周围土体筑高、压实，形成高出原地面 3~4m 的土坝，并使用塑料布包裹防渗透(图 2-30)。

图 2-29　降水井施工

图 2-30　弃土场

吸泥施工：普通隔墙刃角下方冲刷吸泥，井壁隔墙刃角处不冲刷，保证井壁隔墙埋深在 2m 左右(图 2-31)。

图 2-31　吸泥施工

注意事项:沉井下沉过程中,会造成周边土体下沉塌陷,提前在井壁周边堆砂,可以大幅减小这种沉井塌陷的影响范围(图2-32)。

图2-32 吹填砂

2.4.2 半排水下沉

半排水下沉工艺原理为:井外降水井降水,井内在有10m左右水深的情况下,采用浮漂固定吸泥泵和高压水枪,利用高压水枪冲洗井内泥面,并且用吸泥泵将泥水混合物抽至井外沉淀池以达到除土目的(图2-33)。

图2-33 半排水下沉

因桥位处地下水直通长江,受降水井降水能力限制,不能在第二次下沉(5、6节下沉)时使井内形成干作业环境,为避免采用空气吸泥机吸泥下沉而进行大范围工序转换,采取半排水下沉,可有效节约工期。半排水下沉施工和降排水下沉施工的井外、井内管道和设备布置相同。

2.4.3 不排水下沉

设备安装:使用塔吊或履带吊安装施工平台、龙门吊、空气吸泥机等设备(图2-34)。
吸泥作业:在保持沉井内部水位比外部水位高2m的前提下,开启空气压缩机吸泥。下沉过程中每2个小时测量一次基底泥面标高,确保基底部分不超吸(图2-35)。

图2-34 设备安装

图2-35 吸泥作业

空气幕施工:考虑到沉井后期下沉系数小,下沉难度大,在沉井第2~7节布设了空气幕。气龛密度按平均影响面积 $A_n = 2.5 m^2/$个计算, $n = (48 - 9.42 - 13.53) \times 2 \times (60.2 + 55.4)/2.5 = 2317$ 个,取2320个布置。气龛呈梅花形布设,水平方向基本间距1.5m,竖向间距1.67m,每侧井壁分2个区,共分8个分区,共计布置16层(图2-36)。气龛采用棱台形,喷气孔均为直径 ϕ1mm 的圆孔。

图2-36 空气幕安装

空气幕风管使用空气压缩机供气,通过气压分配器进行控制。开启时由上层至下层逐层开启,关闭时由下层至上层逐层关闭。每次开启时间为3~5min(图2-37、图2-38)。下沉施工中配备5台20m³/min的电动空压机进行空气幕供风。

注意事项:下沉过程中注意保持2m的内外水位高差,并及时测量平面姿态、相对高差、基底形状等,用于控制沉井下沉(图2-39)。

当沉井四角平面偏位大于15cm时,开始下沉调整;沉井四角高差在接高阶段不大于5cm,下沉阶段不大于15cm,否则启动相应调整预案(图2-40)。

图 2-37 空气幕控制阀

图 2-38 开启空气幕

图 2-39 内外水位调差

图 2-40 沉井偏位及高差测量

2.4.4 下沉监控

下沉监控数据应及时反馈至施工现场,根据监控意见进行吸泥调整。下沉阶段采用一天进行两次监控数据测量,接高阶段采取两天一次的监控数据测量(图 2-41)。

图 2-41 监控原件埋设及测量

2.5 沉井封底

清基施工：在沉井终沉阶段配合清基施工（图 2-42）。基底标高控制标准为（0，−20cm），当基底中心标高达到设计要求时，向四周井壁隔墙方向吸泥。

封底混凝土浇筑：施工中经常检查导管埋深、混凝土流动性。在首封小料斗的两侧开透气孔防止气堵；在浇筑过程中勤拔管，防止埋管（图 2-43、图 2-44）。

图 2-42 清基前检查

图 2-43 透气孔

优化混凝土配合比，加大混凝土流动性，使溜槽坡度由传统的 1∶3 降低至 1∶6，降低施工难度（图 2-45）。

图 2-44 提拔导管

图 2-45 溜槽设置

2.6 沉井填仓

混凝土填仓施工：填仓施工采用分层分区域法进行。单个隔仓分三次浇筑，以方便绑扎抗剪钢筋。15 个隔仓分区域施工，以提高施工进度（图 2-46）。

图 2-46 混凝土填仓施工

2.6.1 钢筋制安

抗剪钢筋在隔仓顶部采用型钢作为基准,钢筋底部使用手工钻钻孔,孔内置定位钢筋,与抗剪钢筋捆绑,钢筋安装精度控制在1cm以内(图2-47)。

图2-47　钢筋安装定位

2.6.2 混凝土浇筑及养护

混凝土浇筑:采用布料杆布料,振捣棒振捣密实。在隔仓内壁做好标高控制点(图2-48)。
混凝土养护:在混凝土强度达到0.5MPa后,及时进行凿毛,并在混凝土表面覆水养护(图2-49)。

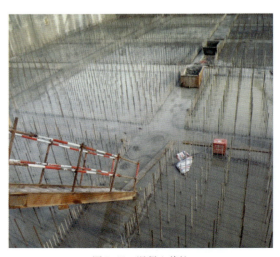

图2-48　隔舱内标高控制点　　　　　　　图2-49　混凝土养护

2.7 井盖施工

2.7.1 钢筋制安

在底模板上标记钢筋定位标记,严格控制15cm的钢筋绑扎间距(图2-50)。
注意事项:钢筋绑扎时,要特别注意控制保护层厚度(图2-51)。

图2-50 钢筋定位标记

图2-51 保护层控制

2.7.2 模板施工

井盖一平面分为两块进行浇筑,侧面模板采用竹胶板+木方组合;井盖三分为两层浇筑,侧面模板采用竹胶板+钢模板+竹胶板组合(图2-52),方便预留钢筋伸出。采用丝线头填堵缝隙(图2-53)。

图2-52 侧面模板

图2-53 丝线头填堵缝隙

2.7.3 混凝土浇筑及养护

混凝土浇筑：收面采用人工在架立跳板上操作，避免踩踏混凝土面（图2-54）。

混凝土边缘部分浇高10cm，方便蓄水养护（图2-55）。

图2-54 人工操作平台

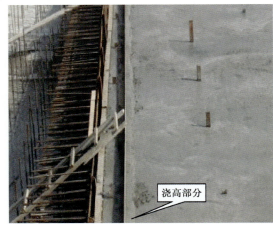
图2-55 边缘浇高

3 锚碇锚体施工标准化

3.1 锚固系统加工及安装

3.1.1 锚固系统概况

锚固系统由后锚梁和前锚杆组成（图3-1）。锚杆和后锚梁均采用钢材制作而成。

锚杆分单束股锚杆和双束股锚杆，每一根主缆对应的锚体上一端共布置锚杆94根，其中，单束锚杆34根，双束锚杆60根。后锚梁采用"］［ "截面，共9根。上、下锚杆之间及锚杆与后锚梁之间均采用高强度螺栓进行连接。定位支架采用桁架形式，桁架的杆件由角钢、槽钢等组成，杆件之间采用普通螺栓连接（具体流程见图3-2、图3-3）。

图3-1 锚固系统

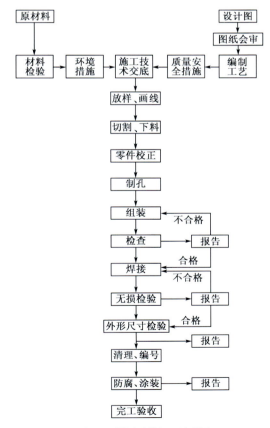

图3-2 锚固系统加工流程图

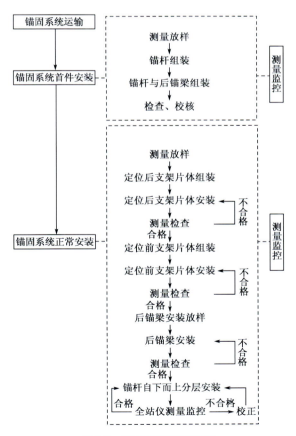

图3-3 锚固系统安装流程图

3.1.2 锚固系统加工

(1) 场地准备

制作场地安排在封闭钢结构加工车间,对场地进行合理布置,划分出材料堆放区、制作区及半成品堆放区。

(2) 材料准备

钢材等进场时,检查其外形尺寸及其质量保证书的完整性,按钢材种类、型号、规格等分类进行堆放,并做好标识。

(3) 设备准备

根据加工需要,准备好切割机、电焊机等设备并报检。

(4) 焊接工艺评定

根据所需要的焊接形式、焊接坡口等进行焊接工艺评定,在锚固系统制作时严格按照焊接工艺评定所确定的各项参数进行施焊。

(5) 锚杆制作

支承板采用数控切割机下料,其他采用半自动或手工切割下料,下料时考虑割缝,划线时根据板厚放大 2~3mm 割缝余量(图 3-4)。

图 3-4 下料

构件在专用胎架上组装焊接,采用 CO_2 气体保护电弧焊,由两人同时从中间向两端施焊,或采用分多段施焊法;角焊缝采用多层焊(图 3-5、图 3-6)。

图 3-5 焊接

图 3-6 焊接成形的锚杆

螺栓孔采用钻孔器精确定位钻孔(图3-7),并用过孔器进行检验(图3-8)。

图3-7 精确定位钻孔

图3-8 过孔器检验螺栓孔

锚杆制作完成后,对单束锚杆及双束锚杆各进行一组抗拉试验(图3-9),抗拉试验采用千斤顶加载(图3-10),单束锚杆施加荷载为2500kN,双束锚杆施加荷载为5000kN。

图3-9 锚杆抗拉试验

图3-10 锚杆抗拉试验使用的油泵

(6)锚梁制作

后锚梁采用"][" 形截面,其工艺流程为:工装平台制作→锚梁接头制作→后锚梁锚体制作→后锚梁拼装(图3-11)。

制作好的锚梁,每一段均要在出厂前进行试拼装(图3-12)。

图3-11 锚梁制作

图3-12 试拼装测量

(7) 锚梁制作注意事项:
①锚杆接头焊接采用 CO_2 气体保护焊。
②拼装完毕后检查后锚梁尺寸是否符合设计要求,最终锚梁长度允许偏差控制在 ±3mm 范围内。
③工艺参数应按照工艺评定确定的数据,不得随意更改。
④焊工必须严格按照焊接工艺规程执行,不得随意在焊接区域以外的母材上引弧。
⑤焊接时,由两人同时同方向从翼板中间向两端施焊,或采用分多段施焊法。

(8) 定位支架制作
定位支架均采用角钢等小型钢材,其材料采用气割方法下料,主要分为以下零件进行加工:型钢(角钢、槽钢)杆件,拼接板,填板,加劲板,挡块,盖板。

(9) 焊缝检测
所有焊缝在焊缝金属冷却后进行外观检查,不能有裂纹、未熔合、焊瘤、夹渣、未填满弧坑及漏焊等缺陷。焊缝施焊24h后,经外观检验合格,进行超声波无损检验(图3-13、图3-14),锚固系统主要杆件受拉横向对接焊缝等级要求为Ⅰ级,主要杆件受压横向对接焊缝、纵向对接焊缝和主要角焊缝等级要求为Ⅱ级。

图3-13 焊接检测1

图3-14 焊接检测2

(10) 防腐涂装
预处理采用喷砂除锈,达到 GB/T 8923—1998 要求的 Sa2.5 级,粗糙度达到 40~80μm。锚固系统的锚杆涂装采用"电弧喷铝+环氧中间漆+聚氨酯面漆"防护体系(图3-15),后锚梁采用电弧喷铝防锈(图3-16)。

图3-15 防腐涂装1

图3-16 防腐涂装2

3.1.3 锚固系统运输

锚固系统各构件,先船运至码头,然后采用汽车运输至施工现场拼装。

(1)箱装

对于节点板、填板、高强螺栓、冲钉、临时固接件等均做装箱包装。节点板等有拴接面的零部件两层之间加铺三合板进行防护,以确保摩擦拴接面不受损不,并做好箱内密封防水保护(箱内侧壁四周铺装防水材料,箱内放吸潮剂)。

(2)捆装

定位支架构件断面较小且细而长,因此采用捆装,杆件之间在棱角部位加胶皮垫,在构件及构件与框架之间加防护胶皮垫等。构件框架捆装,按照构件类型分类包装,确保捆装的稳固性。在构件框架捆装过程中轻装轻放,吊运过程中采取防护措施(如加胶皮垫等)。

(3)裸装

对于锚杆、锚梁等大型构件,由于其外形尺寸较大、刚度较大、不易变形,因此采用裸装。在船运过程中构件间用木楞和胶皮垫垫好,防止损伤螺栓连接摩擦面并保护油漆表面(油漆表面和摩擦面的防护见涂装方案)。

3.1.4 锚固系统安装

(1)定位支架安装

定位钢支架杆件在地面组装成桁架片(图3-17),然后用吊车吊装。起重时上轻下重,5t手拉葫芦设于吊点的下方,上挂起吊钢丝绳起吊时均衡水平离地,安装时手拉葫芦调节定位钢支架与地面水平接触点(图3-18)。

图3-17 定位支架地面拼装

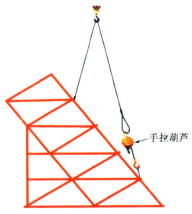

图3-18 定位支架吊装方法示意

由于锚杆锚梁自重较大,定位支架安装完成后,在定位支架前后设置加强型钢,以减小锚杆锚梁安装后定位支架的变形(图3-19)。

(2)锚杆、锚梁安装

锚杆地面组装,每颗螺栓均有唯一编号(图3-20),锚梁采用履带吊吊装(图3-21)。安装按照从底层到顶层的顺序进行。由于锚块块段采用高强螺栓及连接板接长,因此连接板表面处理后需做滑移系数检测。抗滑移系数出厂值不小于0.55,节段制作完毕,现场安装前抗滑移系数复检不小于0.45。

图3-19　定位支架加强型钢

图3-20　锚杆地面拼装

锚固系统高强螺栓连接工艺:高强度螺栓连接副由制造厂按批号,将一定数量同一规格配套后装为一箱(桶)。高强度螺栓自由穿入孔内且穿入的方向一致,严禁用锤子将高强度螺栓强行打入孔内。高强螺栓紧固方法分两步进行,即初拧和终拧。将全部高强度螺栓进行初拧,初拧扭矩为标准值的50%左右。紧固顺序为从节点板栓群中心向四周扩散方向进行(图3-22)。

图3-21　锚杆吊装

图3-22　锚杆连接螺栓施工

(3)锚固系统安装质量控制标准(表3-1):

锚固系统安装质量控制标准　　　　表3-1

检测项目		允许偏差(mm)
定位支架中心线偏差		10
定位支架安装锚杆之平联高差		-2~+5
锚杆偏位	纵	10
	横	5
锚固点标高		±5
后锚梁偏位		5
后锚梁标高		±5

3.2 鞍部施工

3.2.1 鞍部概况

鞍部高 21.8m，单个鞍部混凝土方量为 1691m³（图 3-23）。由于鞍部较高、体积较大，划分为 10 层进行施工（图 3-24）。鞍部施工流程图如图 3-25 所示。

图 3-23 鞍部整体图

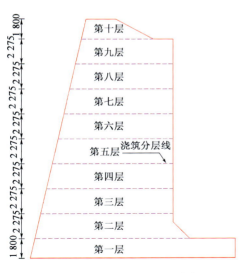

图 3-24 鞍部竖向分层图（尺寸单位：mm）

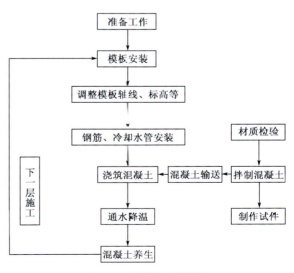

图 3-25 鞍部施工流程图

3.2.2 钢筋制安

(1) 钢筋检验、存放

在钢筋加工厂设立专用钢筋存放场地。钢筋进场前先进行检验(图3-26),分类存放在专用台座上,并用帆布覆盖防雨。加工好的钢筋亦分类存放,帆布覆盖。钢筋加工质量控制标准如表3-2所示。

图 3-26　钢筋拉伸试验

钢筋加工质量控制标准　　　　　表3-2

检 验 项 目	允许偏差(mm)	检验方法和频率
受力钢筋顺长度方向加工后全长	±10	钢卷尺2点
弯起钢筋各部分尺寸	±20	钢卷尺2点
箍筋、水平筋各部分尺寸	±5	钢卷尺2点

(2) 钢筋安装

将加工厂加工好的钢筋运至现场,按照先竖向主筋再横向钢筋的顺序进行安装(图3-27)。钢筋安装质量控制标准如表3-3所示。

图 3-27　鞍部钢筋绑扎

钢筋安装质量控制标准　　　　　　　　　　　　　　　　表3-3

检查项目		允许偏差(mm)
受力钢筋间距	两排以上排距	-5, +5
	同排	-20, +20
钢筋骨架尺寸	横向水平钢筋	0, -20
	长	-10, +10
	宽、高或直径	-5, +5
弯起钢筋位置		-20, +20
保护层厚度		-10, +10

将钢筋按照图纸要求放置,绑扎固定,绑扎钢丝选用20~22号且无锈的钢丝,绑扎丝拧紧应不少于2圈,丝头均应朝向表面中心,以防外露导致垫块混凝土表面出现锈斑(图3-28)。

根据设计要求的钢筋保护层厚度选用垫块厚度且强度等级同混凝土设计等级,将保护层垫块按照规范要求安装在锚体钢筋上,保护层垫块呈梅花形布置且垫块数量满足每平方米不少于5个的要求(图3-29)。

图3-28　钢筋绑扎

图3-29　保护层垫块

混凝土浇筑前,对钢筋及时采取防护措施,防止雨水冲刷使钢筋锈蚀(图3-30)。

图3-30　彩条布覆盖

3.2.3　爬模系统(图3-31)

(1)爬模结构及施工流程

爬模结构(图3-32):

图 3-31 爬模

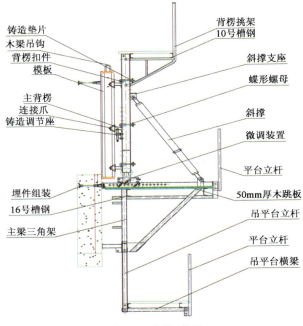

图 3-32 爬模结构图

爬模施工流程(表3-4):

爬模施工流程图　　　　　表 3-4

步骤	示意图	说明
第一次混凝土浇筑	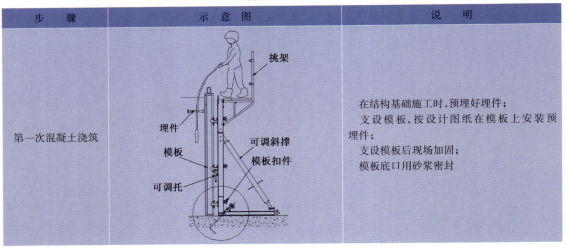	在结构基础施工时，预埋好埋件； 支设模板，按设计图纸在模板上安装预埋件； 支设模板后现场加固； 模板底口用砂浆密封

续上表

步 骤	示 意 图	说 明
第一次爬升	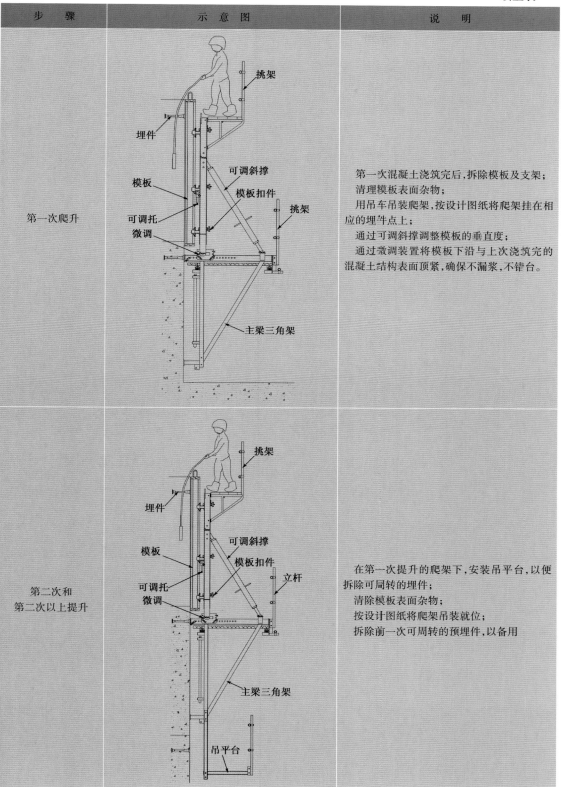	第一次混凝土浇筑完后,拆除模板及支架; 清理模板表面杂物; 用吊车吊装爬架,按设计图纸将爬架挂在相应的埋件点上; 通过可调斜撑调整模板的垂直度; 通过微调装置将模板下沿与上次浇筑完的混凝土结构表面顶紧,确保不漏浆,不错台。
第二次和 第二次以上提升		在第一次提升的爬架下,安装吊平台,以便拆除可周转的埋件; 清除模板表面杂物; 按设计图纸将爬架吊装就位; 拆除前一次可周转的预埋件,以备用

(2)模板刚度保证

模板面板采用18mm厚优质面板,并在面板背面设置18mm厚胶合板加强板条,竖向背楞采用高强度木工字梁,横向背楞采用双肢槽钢(图3-33)。

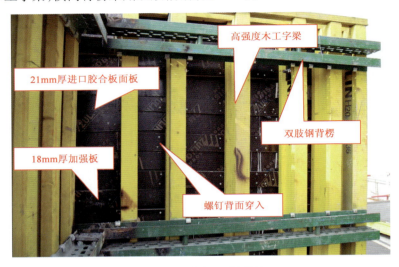

图3-33 面板加强刚度措施

在模板块段之间设置加强型钢(图3-34),并在模板底设置小钢管顶托,加强模板的整体刚度(图3-35)。

图3-34 模板块段间加强　　　　　　图3-35 模板顶托加强

(3)大面积平整度保证及模板接缝控制

模板在专用平台上拼装,平台设置雨篷覆盖,防止雨水打湿模板。面板拼缝控制在±0.5mm之内(图3-36)。模板组拼时用靠尺严格检测平整度(图3-37),报检合格才能使用。

模板制作质量控制标准(表3-5):

模板制作质量控制标准　　　　　　　　　　表3-5

检查项目	允许偏差(mm)	检查项目	允许偏差(mm)
模板的长度和宽度	±5	两块模板拼缝间隙	±0.5
板面对角线误差	≤3	板面平整度	±0.5
相邻模板高低差	±0.5	模板局部变形	1.0

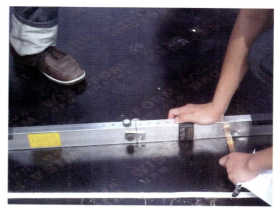

图 3-36　紧张器拉紧面板　　　　　　　　图 3-37　面板平整度检测

(4) 模板安装

模板安装前涂刷专用脱模剂,块段接缝贴双面胶防止漏浆,在浇筑过程中每 2 个小时对模板进行一次复测(图 3-38)。

为防止浇筑上层混凝土时模板下口漏浆,在下层混凝土上口粘贴海绵条(图 3-39)。

图 3-38　模板安装

图 3-39　粘贴海绵条

模板安装质量控制标准(表3-6)。

模板安装质量控制标准 表3-6

检查项目	允许偏差(mm)	检查项目	允许偏差(mm)
模板标高	−15，+15	模板相临两板表面高差	2
轴线偏位	15	模板表面平整度	±5

3.2.4 混凝土施工

(1)原材料

选用优质砂石料,采用大棚覆盖(图3-40)。

选用优质外加剂,按要求存放(图3-41)。

试验室对每批进场的材料都要进行取样检验(图3-42),不合格的材料坚决不使用。

图3-40 料场搭设雨棚

图3-41 外加剂存放

(2)混凝土拌和

定期标定拌和站、严格按配合比配料、严格控制拌和时间、试验室人员全程监控拌和过程(图3-43)。

图3-42 原材料检测

图3-43 拌和站

(3)混凝土浇筑

采用汽车泵浇筑,现场浇筑按规定盘数检测坍落度(图3-44)。划定区域专人格式化振捣、现场技术员需全程监控振捣情况(图3-45)。

图 3-44　现场坍落度检测

图 3-45　混凝土浇筑

夜间浇筑时要做好照明工作,在鞍部四周须设置照明灯,此外还需准备小型碘钨灯照射浇筑部位。

3.2.5　混凝土养护及防污染

浇筑后混凝土顶面蓄水,侧面前 7 天洒水养护,后期喷洒养护液养护,并在四个侧面包裹模板布,总养护时间不得低于 14 天。侧面包裹的模板布同时起到防止混凝土被污染的作用(图 3-46)。

图 3-46　鞍部混凝土养护及防污染措施

3.2.6　大体积混凝土温控

在每个浇筑层,均布置两层直径为 0.033m 的冷却水管,冷却水管最大长度不超过 150m,水平间距为 1m(图 3-47)。冷却水管用铁丝绑扎在定位钢筋上(图 3-48)。降温时通水流量不小于 2.5m³/h。

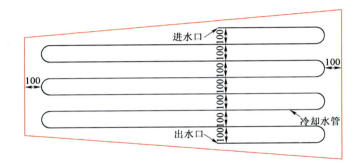

图 3-47　鞍部冷却水管平面布置图(尺寸单位:cm)

在每个浇筑层布置上下两层精度为 0.1℃ 温度监测元件,下层布置在竖向中间位置,上层布置在距离混凝土表面 20cm 位置(图 3-49)。单个鞍部共布置 62 个监测点。每 4 小时监测一次混凝土温度(图 3-50)。

图 3-48　鞍部冷却水管安装

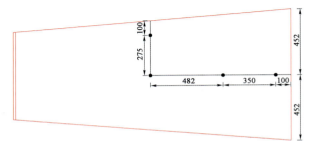

图 3-49　鞍部测温元件平面布置图(尺寸单位:mm)

严格控制混凝土体内最大温度不得超过 75℃,内外最大温差不得超过 25℃。

图 3-50　混凝土温度检测

3.2.7　预埋件施工

锚体上预留预埋件众多,主要包括锚体附属工程预留预埋件,上部结构施工需要的预留预埋件(图 3-51、图 3-52)。在混凝土浇筑前清点检查所有预埋件是否埋设齐全并位置准确,确保不漏埋、不错埋。对于各项临时结构预埋件,其预埋板嵌入混凝土面层中不小于 1cm,以方便后期临时结构拆除后进行修补。

图 3-51 猫道预埋件

图 3-52 散索鞍底座板预埋件

3.2.8 鞍部施工质量控制标准（表 3-7）

鞍部施工主要质量控制标准　　　　　　　　　表 3-7

检测项目	允许偏差(mm)	检测项目	允许偏差(mm)
节段错台	≤2	断面尺寸	±30
大面积平整度	±3		

3.3 锚块及压重块施工

3.3.1 锚块及压重块概况

锚块及压重块高均为 20.23m，单个锚块混凝土方量为 6711m³，压重块混凝土方量为 4114.5m³（图 3-53）。

图 3-53 锚块及压重块

锚块及压重块均划分为 9 层进行施工（图 3-54、图 3-55）。锚块、压重块施工流程如图 3-56 所示。

— 61 —

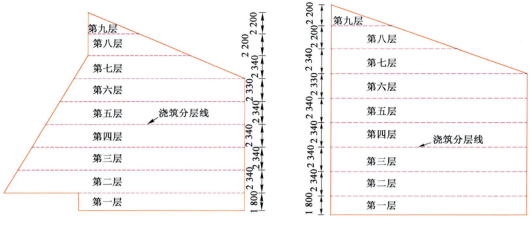

图 3-54　锚块浇筑分层　　　　　　图 3-55　压重块浇筑分层

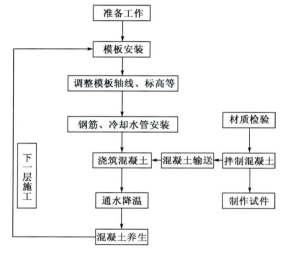

图 3-56　锚块、压重块施工流程图

3.3.2　钢筋制安

按设计要求安装防裂钢筋网片(图 3-57)，其余钢筋施工与鞍部相同，详见 3.2.2 节。

图 3-57　防裂钢筋网片

3.3.3　模板系统

由于锚块前锚面坡度较大及锚杆伸出混凝土面,前锚面非锚杆位置处采用大块钢模板(图3-58),锚杆位置处采用高强胶合板拼制(图3-59)。

图3-58　锚块前锚面钢模板　　　　　　　图3-59　锚块前锚面木模板

锚块其余三面及压重块也采用翻模,与鞍部使用模板相同,详见3.2.3节。

3.3.4　混凝土施工

锚块、压重块混凝土施工与鞍部基本相同,但锚块中预埋有锚固系统,在浇筑时需特别注意浇筑设备不得碰撞锚固系统,锚固系统处空间较小,振捣时必须特别注意,振捣棒不得碰撞锚固系统。

3.3.5　混凝土养护

养护措施与鞍部相同,详见3.2.5节。

3.3.6　大体积混凝土温控

在每个浇筑层均布置两层直径为0.033m的冷却水管,冷却水管最大长度不超过150m,水平间距为1m(图3-60、图3-61)。

在每个浇筑层布置上下两层精度为0.1℃温度监测元件,下层布置在竖向中间位置,上层布置在距离混凝土表面20cm位置。单个锚块一共布置79个监测点,压重块布置79个监测点。每4小时监测一次混凝土温度。其余温控措施与标准与鞍部相同。

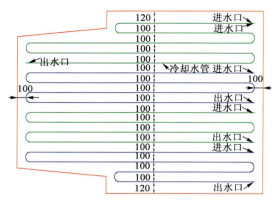
图 3-60 锚块冷却水管平面布置图(尺寸单位:cm)

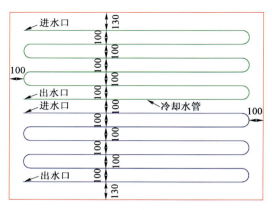
图 3-61 压重块冷却水管平面布置图(尺寸单位:cm)

3.3.7 锚块及压重块质量控制标准(表 3-8)

锚块及压重块施工主要质量控制标准　　　　　表 3-8

检 测 项 目	允许偏差(mm)	检 测 项 目	允许偏差(mm)
节段错台	≤2	断面尺寸	±30
大面积平整度	±3		

3.4　锚体冬季施工措施

3.4.1　冬季施工准备的主要材料

采用防雨帆布、土工布、塑料薄膜、温度计和碘钨灯等材料作为施工作业面及周围环境的保温材料。

3.4.2　冬季施工材料要求

(1)选用优质 42.5 号硅酸盐水泥用于冬季施工。
(2)使用不含有冰块、雪团和冻结团块,而且清洁、级配良好、质地坚硬、不含有易冻坏矿物、不含有机物质的骨料。料场搭设砂石料防雨、防晒棚,冬季可用来防雨雪,避免骨料中有冰块、雪团。同时要求骨料的储备地点地势较高,保证不会积水。
(3)混凝土中掺入适量减水剂来改善混凝土的工艺性能,提高混凝土的耐久性并保证其低温及负温下的硬化性能,防止早期受冻。

3.4.3 冬季混凝土拌和

(1)在混凝土拌和站附近设置一个锅炉,锅炉容积为30m³,专门烧制热水用于混凝土拌制(图3-62)。另外使用改装的3节4m长φ2.8m的临时钢护管作为热水的储备容器,并通过覆盖等措施进行保温处理,在容器内布置温度计控制水温,以供拌和站拌制混凝土时的用水。

图3-62 专用加热锅炉

(2)在拌和时,使用新进场水泥。水泥只保温,不加热,不与80℃以上的水直接接触,这样可以有效地避免水泥的假凝现象,保证混凝土的拌和质量。

(3)投料前先用热水或蒸汽冲洗搅拌机。投料时,先投入骨料和加热水,使水在搅拌机内先与骨料接触,将热量进行均匀传递,待搅拌一定时间后,再投入水泥继续搅拌。

(4)混凝土的搅拌时间较常温时延长50%,使得热量能够均匀地传递到拌和物中,保证混凝土温度的恒定。混凝土出机后,及时测量出机混凝土的温度,并根据出机混凝土的实际温度对水温做相应调整,以保证混凝土的出机温度在8℃以上。

3.4.4 冬季混凝土运输

(1)混凝土拌和物出机后及时运到浇筑地点,保证入模温度大于5℃。在运输过程中注意防止混凝土热量散失、表面冻结、混凝土离析、水泥砂浆流失、坍落度变化,运输工具除保温防风外,还必须严密、不漏浆、不吸水。

(2)混凝土采用卧泵时泵管外部包裹一层棉絮保温,并注意加强管道的维护和检查。

3.4.5 混凝土浇筑

(1)保证混凝土浇注时的入模温度不低于5℃。

(2)浇筑前清除模板和钢筋上的冰雪及污垢,浇筑前采取防风、防冻保护措施,处理施工缝时先除掉水泥薄膜和松动石子,将表面湿润并冲洗干净。

（3）分层浇筑时，仓面越大，散热面积也越大，混凝土热量损失也越大。尽量加快浇筑速度，缩短浇筑时间。

3.4.6 混凝土冬季养护

冬期混凝土的养护在气温不低于 $-15℃$ 时，锚体各块混凝土采用蓄热法养护。

锚体各块浇筑完成后及时在混凝土顶面覆盖第一层土工布进行保温，第二层用塑料布进行覆盖保温，同时在已浇筑的混凝土四周挂土工布，防止混凝土内外部温差过大。

4　钢塔制作标准化

4.1 工程概况

马鞍山长江公路大桥中塔总高178.8m，其上塔柱，上、下横梁均为钢结构。上塔柱高127.8m，横桥向宽度6.0m，顺桥向宽度7.0～11.0m。中塔概貌如图4-1、图4-2所示。

塔柱制作内容包括150mm底座板，T1、T2及标准节段T3～T21共21个节段，J1～J20共20个拼接接缝。节段长度5.8～9.55m，标准节段长度为6m。其中T1节段最重，质量约580t。具体流程见图4-3。

图4-1 马鞍山长江公路大桥中塔钢塔柱节段

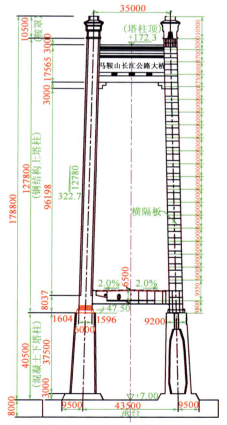

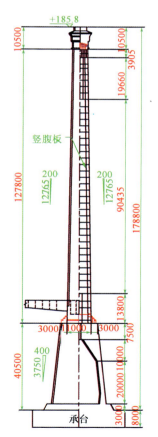

注：图中除标高单位为m外，其余单位均为mm。

图4-2 中塔结构图

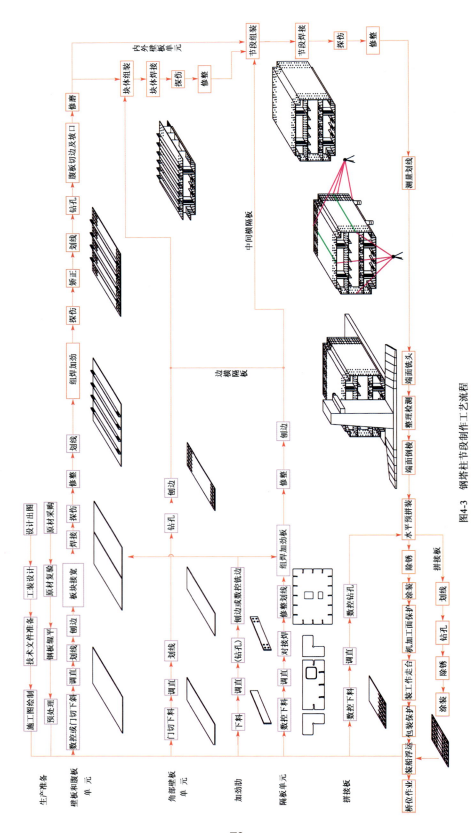

图4-3 钢塔柱节段制作工艺流程

4.2 钢塔柱生产场地布置

4.2.1 钢塔柱专用生产线

为了保证钢塔制造质量、确保制造精度,制造厂配置了专用钢塔生产线,生产线内具有块体单元组焊台架两副(20m×7.8m),可同时满足4个块体单元的生产。节段组焊台架两副(22m×13.5m),可同时满足4个钢塔节段的生产。同时配置规格和数量满足钢塔起吊要求的起重设备(75t、250t、600t、800t门式起重机各一台)(图4-4)。

图4-4 钢塔柱制作生产线

4.2.2 钢塔柱制作胎架的制作和验收

所有胎架应满足承载能力、平面度、安全性的要求,并经过监理工程师检查验收。胎架平面度要求≤1.0mm(图4-5、图4-6)。

图4-5 块体组焊胎架的检查验收

图4-6 节段组焊胎架的检查验收

4.3 生产前期准备

4.3.1 电焊工上岗前理论、实作考试

参与本项目建设的电焊工应进行岗前培训(图4-7),考试合格的人员方可准予上岗(图4-8)。本项目累计完成岗前培训,考试合格的电焊工达165人次。

图4-7 岗前培训

图4-8 岗前考试

4.3.2 上岗前进行技术交底

参与本项目的所有管理人员及操作工均需接受技术交底(图4-9)。同时在每个工序开工时在现场再次进行技术交底。

图4-9 技术交底

4.3.3 焊接工艺评定

为保证钢塔焊接质量,项目开工前应进行焊接工艺评定试验。根据接头类型及焊接位置等要求制作具有代表性的焊接评定试板(图4-10)。本项目累计制作了39组评定试板,其中,对接接头14组、熔透角接接头11组、坡口不熔透角接接头11组、T型角接接头3组。

图4-10 焊接工艺试板进行弯曲、拉伸、冲击等理化性能试验

汇总各焊接试板试验结果,于2010年7月28日召开了焊接工艺评审会,应根据专家评审意见,修改完善焊接工艺后投入正式生产(图4-11)。

图4-11 焊接工艺专家评审会

4.3.4 首批节段制造评审会

钢塔首批节段制造及预拼装结束后,需经过专家评审,合格后方可批量生产(图4-12)。

图 4-12　钢塔首批节段制造评审会

4.4　原材料

4.4.1　钢材管理

钢材进厂后按《马鞍山长江公路大桥左汊悬索桥钢塔柱制造验收规则》要求码放整齐,标识材质。钢板堆放、吊运过程中必须保证其平整度,并保证边缘不被磨损和碰伤(图4-13)。

原材进场后需经制作厂和监理工程师进行外观质量、理化性能复验合格后方能用于钢塔生产中,特别注重检验有特殊要求的钢板(如 S、P 含量,探伤等特殊要求),厚度偏差满足 GB/T 709—2006 中 A 类偏差的要求,150mm 承压板板厚必须走正偏差,偏差≤2.0mm(图4-14、图4-15)。

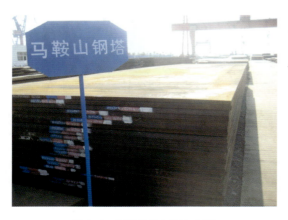

图 4-13　钢板的整齐堆放、标识

图 4-14　钢板厚度检查验收

图 4-15　平面度检查验收

4.4.2　焊材管理

焊接材料由专用仓库储存,底层以木板垫高通风(图 4-16)。

焊条、焊剂按规定烘干、登记领用。当在 4 小时内未用完时,必须交回重新烘干(图 4-17)。烘干后的焊条应放置在专用保温筒内备用。

图 4-16　焊材仓储

图 4-17　焊材烘干处理

4.4.3 涂装管理

涂装材料应采用专用仓库存储,制作技术说明,底层以木板垫高通风。油漆必须在有效期内用完,做到先入库者先使用(图 4-18～图 4-20)。

图 4-18 涂装材料仓库

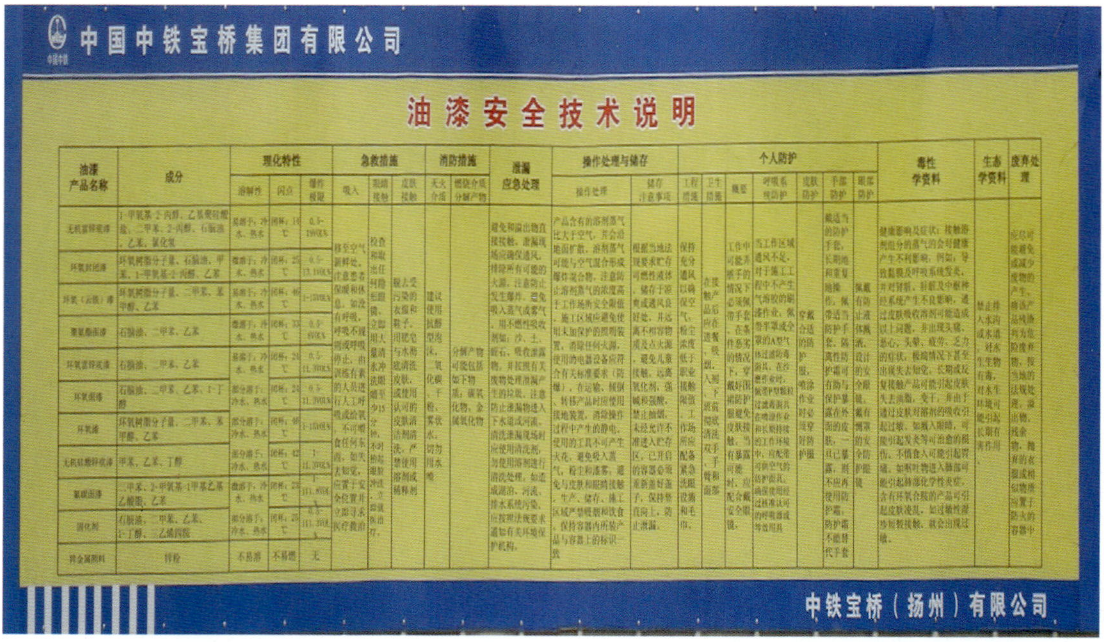

图 4-19 涂装材料存储技术说明

图 4-20 涂装材料仓储

4.5 板单元制作

4.5.1 承压板单元制作

150mm 承压板制作时重点控制板面平面度、切割质量、焊接质量。承压板整体平面度要求≤3.0mm。传力接触部位通过局部补焊修磨方式达到磨光顶紧要求,平面度≤0.2mm,采用塞尺检测,接触率达到89%(理论要求75%)(图4-21、图4-22)。

图 4-21 承压板采用数控切割保证切割质量

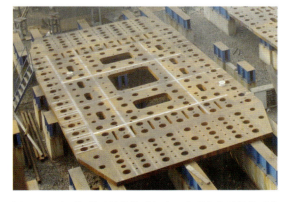

图 4-22 承压板单元整体找平打磨已达到磨光顶紧的要求

4.5.2 其他板单元制作

板单元组装、焊接、调平、钻孔等均必须在专用胎架上进行,组装完成后要经专检、监理工程师检查验收合格后方可进行焊接。板单元几何尺寸精度是确保塔段箱体组装精度的基础，重点控制宽度、纵肋间距和垂直度、板面平面度、孔径、孔距以及焊缝质量等（组装间隙不大于0.5mm，纵肋孔群部位垂直度不大于1mm，平面度不大于1mm）。其中应特别注意遵守焊前预热的规定和板块停止点报检制度（图4-23、图4-24）。

图4-23　焊前预热

图4-24　板块停止点报检

4.6　块体单元制作

4.6.1　中间块体单元组焊控制

中间块体单元在专用胎架上进行组装，组装完成后先进行约束（图4-25），约束后进行组装报验。经专检、驻厂监理工程师检查验收合格后方可允许进行焊接，焊接过程必须严格执行工艺参数，采用对称施焊（图4-26）。重点控制块体单元的宽度、高度，隔板间距，角壁板垂直度、平面度及焊缝质量，焊接变形等（组装间隙≤0.5mm，宽度、高度等几何尺寸误差在±1.5mm以内，角壁板垂直度≤1.0mm，平面度≤1.0mm）。

图4-25　块体约束

图4-26　块体对称施焊

4.6.2　标准块体单元组焊控制

块体生产线如图 4-27 所示。

图 4-27　块体生产线

块体检验如图 4-28 所示。

图 4-28　块体检验

4.7 钢塔柱节段组焊

每个节段组装前必须检验节段组装胎架,胎架合格后方可进行节段的组装,组装过程必须随时监控箱口尺寸,箱口轮廓尺寸误差必须控制在 ±2mm 内,对角线偏差控制在 2mm 内(图 4-29 ~ 图 4-31)。焊接时注意箱体的焊接约束和严格执行焊接工艺,尤其是采用对称施焊,控制焊接变形。

图 4-29 节段壁板垂直度监控

图 4-30 节段约束

图 4-31 节段箱口尺寸的检测

4.8 钢塔柱节段机加工

钢塔节段端面的加工是保证金属接触率和线型控制的关键工序,所有塔段的机加工全部在封闭的厂房内进行,保证厂房内温度场均衡,加工厂房内环境温差控制在 ±2℃内(图 4-32)。

采用 API 检测端面平面度及垂直度(箱口平面度 ≤0.08/m、0.25/全平面,垂直度 ≤1/10 000,图 4-33),采用钢卷尺、磁力座、弹簧秤检查节段长度(节段长度误差允许 ±2.0mm,

（图 4-34），采用粗糙度对比样块对加工面进行粗糙度检查（粗糙度达到 Ra12.5 以上，图 4-35），确保机加工端面精度。

图 4-32　厂房内机加工

图 4-33　端面检查

图 4-34　钢卷尺、磁力座、弹簧秤检查节段长度

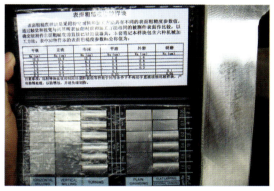

图 4-35　采用粗糙度对比样块对加工面进行粗糙度检查

4.9　预拼装

钢塔节段水平预拼装在厂房内完成（图 4-36），在厂房内四周设置空气对流风机，保证预拼场内温度场均衡，确保钢塔壁板和腹板温差在 ±2℃ 以内（图 4-37）。

图 4-36　钢塔柱在厂房内预拼装

图 4-37　检测控制壁板、腹板温差

每次预拼装时依据有限元计算结果在支撑点的理论位置上布置控力支撑千斤顶(图4-38),保证节段在预拼装中恢复机加工时的支撑状态,防止支撑位置变化引起节段变形进而影响预拼装结果。同时在顶升、调整姿态时,严格监控支撑控力(图4-39)。

图4-38 梁段支撑千斤顶

图4-39 支撑控力监控

为了保证在水平预拼装状态下也能达到安装时自重对金属接触率的影响,采用穿心式液压油缸施加水平力(图4-40),根据节段结构特点,加力位置为四角部位、内外两侧及中间壁板。

图4-40 千斤顶施加水平力

钢塔水平预拼装重点检测预拼装的长度、垂直度、旁弯、轴线偏位、端面金属接触率、螺栓孔通过率等(图4-41);采用钢尺、磁力座、弹簧秤、全站仪、塞尺、试孔器等100%进行检测报验(图4-42、图4-43)。马鞍山钢塔全桥累计完成了38轮水平预拼装。预拼装长度尺寸全部达到规范要求(±2.0mm),垂直度最大偏差1.2/10000(允许≤1.5/10000)、断面金属接触率最低75%,平均85.6%(设计要求≥50%),均远高于设计要求。

图 4-41　钢塔段水平预拼装质量控制项点

图 4-42　预拼装长度的检测

图 4-43　接触率和通孔率的检查

4.10　涂装

钢塔节段的除锈、涂装均在封闭的厂房内进行,环境温度控制在 5~38℃内,相对湿度控制在80%以下,表面清洁度达到Sa2.5级以上,粗糙度要求达到Rz40~80μm(图4-44)。

涂层厚度采用磁性测厚仪进行检测(图4-45),要求外(内)表面90%(85%)测点厚度达到或超过规定漆膜厚度值,余下10%(15%)未达到规定漆膜厚的测点其膜厚不得低于规定膜厚要求的90%(85%)。每道涂层必须经过监理工程师检查验收合格后方可进入下道工序。

涂层外观要求均匀平整,无剥落、针孔、气泡、流挂、橘皮等缺陷(图4-46)。

钢塔柱涂装结束后应进行涂层附着力测试(图4-47),拉开法数值应满足设计规定值(不小于5.0MPa),实测附着力均大于7.0MPa,测量结束后要对涂层破坏的部位按要求进行修复。

图4-44 厂房内涂装

图4-45 涂层厚度检查

图4-46 涂装完成成品节段

图4-47 涂层附着力测试

4.11 存储

板单元、零部件应分类存放在垫楞上,并应离开地面,隔离高度不小于20cm。节段支撑点应设置在自重下不产生永久变形处,支撑墩数量不少于4个(图4-48)。

钢塔柱节段存放场地应坚实、平整,有排水设施,支撑处有足够的承载力。钢塔柱节段存放期间地面不应有不均匀下沉(图4-49)。

图 4-48 结构件临时存储

图 4-49 钢塔柱节段成品存储

4.12 运输

钢塔柱节段在厂内转运,包括进出机加工车间、到水平预拼场地、到涂装厂房等,均采用承载力足够的液压移梁平车完成,液压移梁平车最大承载能力达 700t(图 4-50)。

图 4-50 节段转运

5 钢塔起步段施工标准化

5.1 钢塔起步段概况

钢塔起步段包括下横梁安装、钢塔 T1、T2 节段安装、叠合段施工等内容。概况及结构图见图 5-1、图 5-2，施工流程见图 5-3。

图 5-1 钢塔起步段概况图

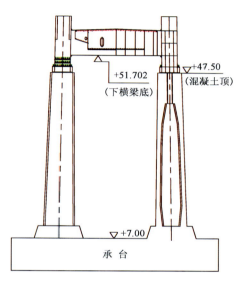

图 5-2 钢塔起步段结构图

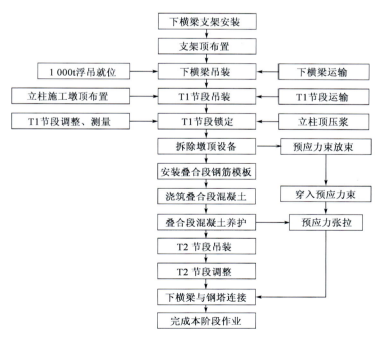

图 5-3 钢塔起步段施工流程图

5.2 下横梁支架施工

在承台顶面精确放出预埋件位置,将预埋件安装好,并与承台钢筋固定,要求顶面高差小于 2mm,平面偏差小于 5mm,预埋件共 6 套(图 5-4)。

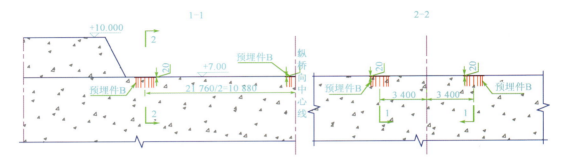

图 5-4 预埋件布置图(尺寸单位:mm)

下横梁支架立柱布置间距与下横梁内竖向加劲板对应,共设 6 根钢管立柱(图 5-5),管径为 1200mm,壁厚 10mm。

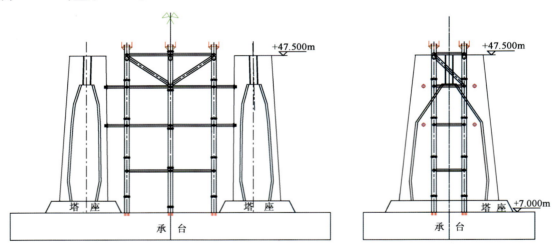

图 5-5 钢管支架总体布置图

钢管立柱及连接系由中塔塔吊进行安装,安装顺序为先装立柱,再装连接系,最后安装下塔柱附墙件(图 5-6)。

立柱钢管逐节进行安装,安装时控制其垂直度小于 1/1 000。立柱间接长采用法兰盘,每个接头配 24 个直径 27mm 的螺栓,安装时调整上节钢管的方向,使节头匹配并检查上节钢管的倾斜度,达到要求后拧紧螺栓并再次检查倾斜度及接头面匹配情况(图 5-7)。

连接系钢管两端与立柱相接处通过放样软件进行放样,并用硬纸板进行 1∶1 模拟,确认无误后方可正式进行切割,以保证两钢管间连接紧密。连接系与立柱间采用焊接,焊缝高度为 8mm(图 5-8)。

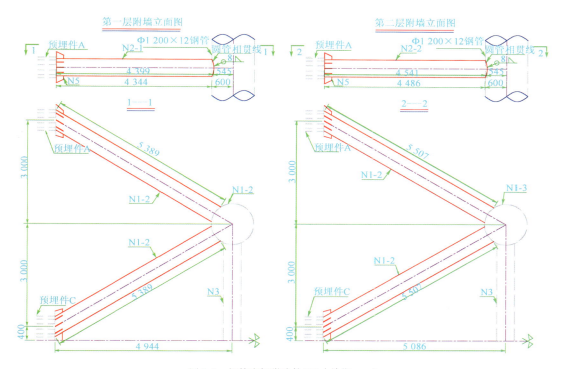

图 5-6　钢管支架附墙件(尺寸单位:mm)

图 5-7　下横梁支架法兰盘连接接头

图 5-8　下横梁支架连接系

支架安装完成后,对所有接头螺栓、焊缝质量进行检查,确保连接可靠。

在支架安装完成后进行平台及调整装置的安装,并将各部分结构精确定位,保证顶中心位置偏差小于 5mm。

5.3　T1 节段定位柱施工

钢—混凝土叠合段共布置 6 个定位柱(图 5-9),第七节塔柱施工时预埋定位柱竖向钢筋,平面误差应小于 2cm。

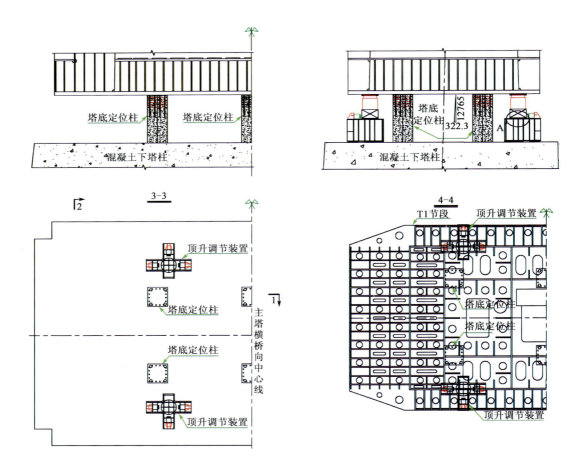

图 5-9 定位柱及调整装置布置图

施工其余钢筋、立模板,并在定位柱顶面预埋 100mm 钢管作为与 T1 锚固锁定的预留孔洞(图 5-10),要求平面误差小于 2cm,高差 −5~0mm。

检查模板、钢筋布置,浇筑混凝土,养护后拆除模板(图 5-11)。

图 5-10 定位柱钢筋及预埋锚杆孔

图 5-11 定位柱

5.4 下横梁、T1 节段调节装置

下横梁、T1 节段调节装置(图 5-12)由竖向及水平向千斤顶、钢垫块、滑动装置等组成,以精确调整下横梁、T1 节段平面、标高。

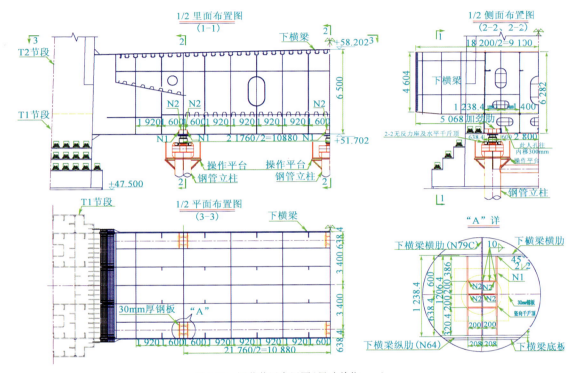

图 5-12 调节装置布置图(尺寸单位:mm)

在下横梁支架、第七节塔柱混凝土顶面测量放样各调节装置的位置,安装钢垫块、滑动装置和竖向、水平向千斤顶(图 5-13、图 5-14),竖向顶平面位置误差要求小于 20mm,标高误差小于 10mm。

图 5-13 下横梁支架调节装置

图 5-14 T1 节段千斤顶反力座

5.5 下横梁吊装

下横梁采用1 000t浮吊进行吊装。吊船在靠围堰和县侧就位,就位时先留出下横梁运输船空间,待下横梁起吊后退出运输船,将吊船绞到设计位置,正式起吊下横梁(图5-15)。

下横梁采用专用吊具进行吊装,通过300t卸扣与吊带相连(图5-16)。

图5-15　吊船起吊布置　　　　　　　　　图5-16　钢塔专用吊具

测量人员在下横梁侧面、底面做好对位标记,标记与支架顶竖向千斤顶位置对应,起吊下横梁后先不起高,将运输船退出,再将吊船绞到起吊位置,开始正式起吊安装(图5-17)。

图5-17　下横梁起吊

测量人员在下塔柱顶沿中心线方向设经纬仪,通过使下横梁横桥向中心线与塔柱横桥向中心线重合来控制横梁的平面位置(图5-18)。

下横梁位置、标高通过千斤顶控制。下落前,顶面标高应大于设计值10mm,各顶相对高差小于2mm。横梁下落后检查顶标高,要求横梁四角点偏差不大于30mm,平面位置偏差小于20mm,如不满足,启动下横梁支架处的千斤顶调整(图5-19)。

图 5-18　对下横梁横桥向轴线进行测量

图 5-19　下横梁标高及平面位置调整

5.6　T1 节段吊装

拆除下横梁吊具中间的 N6、N7 部分并重新连接,形成吊装 T1、T2 节段的吊具。与吊具连接的吊耳通过螺栓与 T1 节段上口连接,吊耳与吊具通过销轴连接(图 5-20)。

起吊 T1 至安装高度后,通过绞船调节 T1 节段位置,将 T1 由上下游方向送入下塔柱顶,大致就位后下落至竖向千斤顶上(图 5-21)。

图 5-20　安装 T1 节段起吊吊具

图 5-21　T1 节段就位

下落到千斤顶上后拆除吊梁、吊耳,利用竖向顶调整标高,要求各点标高误差小于 1mm,再开动水平顶,调整 T1 节段平面位置,要求误差小于 1mm,调整完成后,对竖向、水平向千斤顶进行锁定(图 5-22)。

在柱中插入与钢塔锚固的锚杆,再灌入环氧砂浆将锚杆固定。

再次复测 T1 节段标高、平面位置(图 5-23),其误差要求小于 1mm。确认后将立柱四周与钢塔底座板间缝隙用环氧砂浆封闭,并留好进浆孔与出气孔,在钢座板与立柱间灌入支座灌浆料(图 5-24),以保证立柱与 T1 节段的有效连接。

灌浆料、环氧砂浆强度达到 50MPa 后,将锚杆与 T1 锁定并撤除水平、竖向千斤顶,拆除调节装置,准备叠合段施工。

图 5-22　T1 节段标高及平面位置调整

图 5-23　T1 节段测量

图 5-24　完成立柱顶压浆

5.7　叠合段试验

　　叠合段顶面与钢塔底座板直接接触,要求达到 90% 以上的密贴度,在目前情况下,直接采用混凝土浇筑不能达到这一要求,施工时采用压注高性能砂浆来保证密贴性,砂浆压注厚度以 5cm 为宜。

　　室内试验验证混凝土、砂浆的强度、耐久性、收缩补偿性和流动性,通过小模型试块的浇筑和相应标准试验确定配合比(图 5-25)。

图 5-25　叠合段试验块

因结构的特殊性,采用自密实混凝土加砂浆施工,实际施工时配合比如表 5-1、表 5-2 所示,供参考。

每立方自密实混凝土配合比　　　　　　　　　　　　　　　表 5-1

水泥	粉煤灰	膨胀剂	砂	石	水	外加剂
马鞍山海螺	马鞍山万能达	江苏博特	赣江	铜陵石磊	自来水	江苏博特
P.O42.5	Ⅰ级	JM–ⅢC	中砂	5～16	/	PCA
428kg	86kg	57.0kg	838kg	856kg	160kg	7.467kg

拌和物性能指标:
强度:$R_7 = 51.6$MPa,$R_{28} = 66.1$MPa
坍落度:250mm
坍落扩展度:695mm

每方砂浆材料数量表　　　　　　　　　　　　　　　表 5-2

水泥	粉煤灰	砂	水	SBTHF
544kg	135kg	1 171kg	273kg	102kg

通过试验确定配合比后,为验证其实施效果,进行相应的模型试验,模型试验根据叠合段实际情况确定模拟比例,其面积宜不小于 $40m^2$,高度不宜小于 $1m$。

模型试验按实体结构配相应的钢筋、预应力孔道、钢座板,按拟实施工艺设浇筑孔、注浆孔,并组织实施(图 5-26、图 5-27)。

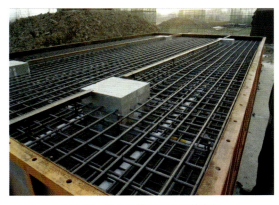
图 5-26　叠合段模型试验钢筋绑扎

图 5-27　叠合段模型混凝土浇筑

为验证工艺的可靠性和可重复性,模型试验宜最少进行两次,并对施工效果进行分析,达到要求后确定最终实施性工艺。

试验过程中按规范要求数量加倍制作混凝土、砂浆试块,对其性能进行检测,拆模后对混凝土外观进行检查,与钢座板接触部位要计算密贴度(图 5-28)。

为计算密贴度,采用相机垂直对接触面进行照相,再将照片贴入 CAD 程序中,用圆将表面存在的气泡等不密实部位进行模拟,模拟完成后将所有圆面积进行统计,得出密贴度(图 5-29)。

图 5-28　检查表面质量

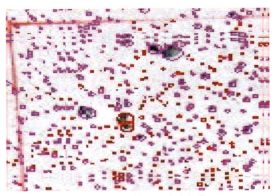

图 5-29　用圆模拟不密实部位
（图中圆所占面积为 8%）

5.8　叠合段施工

在 T1 顶面精确测量预应力管道位置，吊装预应力管道并接长，同时在顶口进行精确定位，定位好后焊接管道接头（图 5-30）。

在叠合段进行钢筋绑扎作业（图 5-31），T1 节段注浆孔下口在钢筋绑扎完成后在钢筋顶面放入尺寸 40×40cm 的厚 2mm 钢板，以防注浆时砂浆压入已浇筑的混凝土内，影响流动效果。

图 5-30　接长体外索管道

图 5-31　叠合段钢筋绑扎

为增加钢塔与混凝土的连接，保证上部压力的有效传递，T1 节段底座板下中间部位焊接 $\phi19\times100$ 的剪力钉，单侧钢塔顶共设置有 203 个剪力钉（图 5-32）。

叠合段模板仍使用下塔柱模板，立模高度超过叠合段顶面 30cm，在超过钢座板顶面位置开砂浆流出孔，并接好 PVC 管，通过 PVC 管将砂浆引入平台上的桶内，以回收砂浆，防止污染下塔柱。每个压浆区域两侧均设置 1 个出浆管，顺桥向一边各设 2 个出浆管，共设 18 个出浆管。

叠合段钢筋、模板安装完成后，将 T1 节段腹板内除浇筑孔和注浆孔外的其余孔进行封闭。安装注浆孔的钢管，钢管长度大于 2m，下口处设密封盖，加胶皮垫以保证密贴。密封盖用胶垫加木板覆盖，通过设顶托支撑在横隔板上以保证其与钢板的密贴（图 5-33）。

浇筑混凝土时采用布料机进行布料，布料机设在下横梁顶面，泵管沿 D5200 塔吊立柱上升到布料机处，泵管与立柱采用夹箍连接，与塔吊立柱接触位置设橡胶保护块，以保护立柱表面（图 5-34）。

图 5-32　钢塔底剪力钉

图 5-33　钢管顶托封堵 T1 孔洞

叠合段 195cm 高度采用自密实混凝土浇筑,并用振捣棒整平。下料通过各预留孔进行。当混凝土浇筑至距底座板 5cm 时,通过外侧观测孔观察混凝土面平整情况,如有不平,可将已封闭的孔打开,通过局部振捣将其整平(图 5-35)。

图 5-34　浇筑叠合段混凝土

图 5-35　施工时混凝土面

完成浇筑后将各预留孔用胶垫加木板覆盖,并用顶托支撑在横隔板上,再从各区中部将剩余的 5cm 浇筑高度用灌浆料进行填充(图 5-36)。砂浆注入顺序为先中间再两边,以砂浆漫出模板上的出浆孔并持续流动 1min 为标准,以保证流动效果。

图 5-36　灌注叠合段砂浆

待砂浆初凝后,拆除预留孔上覆盖材料,对 T1 节段内壁进行清理,进行钢塔内填充混凝土浇筑,此部分混凝土仍采用自密实混凝土进行施工。

5.9 无黏结预应力施工

在叠合段混凝土浇筑完后,即可进行无黏结预应力束穿束工作。因无黏结预应力束有换束要求,穿入的钢绞线不能相互缠绕,必须对其进行编束,使钢绞线排列与锚具孔位排列相同(图 5-37)。

钢绞线安装后在锚头处设置卡箍用塔吊进行整束吊装入预应力管道,上口就位后,底口根据钢绞线编制的顺序穿入底锚,便于底锚提升就位(图 5-38)。

图 5-37 安装体外束钢绞线

图 5-38 体外束钢绞线吊装

底锚就位:在 T1 节段体外束钢绞线顶面设置槽钢支架,并安装提升用的锚具,打紧夹片。用钢丝绳、导链提升锚具及整束钢绞线,使底锚提升就位(图 5-39)。将上下锚所有锚具夹片打紧,拆除吊装用锚具。

钢绞线装配完成后在上端钢塔柱侧用千斤顶进行张拉,张拉顺序按两侧对称进行,先张拉长边方向,由中间向两端进行;再张拉短边方向,从张拉靠塔柱中心线侧开始,即由高到低张拉,同一排张拉时由中心向两端进行(图 5-40)。张拉程序为先张拉到 10% 控制应力→做伸长量标志→张拉到 20% 控制应力→测量伸长量→张拉到控制应力→测量伸长量→保持荷载 2min→锚固→测量回缩量。

图 5-39 体外束钢绞线底锚提升

图 5-40 体外束钢绞线张拉

张拉完成后对外露段钢绞线进行防腐处理,安装锚头处防护罩,灌注油脂密封,要求密封后能承受 3m 高水柱压力。

5.10　T2 节段吊装

T2 节段吊装方式同 T1,因 T2 节段与 T1 接头为调节接头,对位时需对 T2 节段进行调整,因此,在其侧面设有调节装置,同时在钢塔转角位置设置限位板(图 5-41)。

浮吊起吊 T2 节段,通过调整浮吊位置,使 T2 节段顺利进入限位板内(图 5-42)。

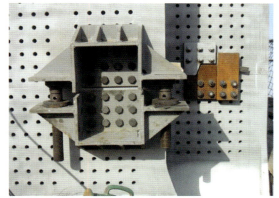

图 5-41　钢塔限位板及调节装置图　　　　　图 5-42　T2 节段进入限位装置

T2 节段钢塔调整好位置后,现场对拼接板号孔,运回厂旦钻好孔后送至工地进行拼接板的安装,施拧高强螺栓,完成 T1、T2 连接。

5.11　塔梁固接

与 T1 节段相同,下横梁安装前支架顶已设置好相应的竖向及水平向调节装置,与钢塔连接前根据设计要求对横梁标高、水平位置进行精确调整,配拼接板完成与钢塔的连接,拆除支承千斤顶。

下横梁的安装精度除保证自身就位时准确外,与 T1 节段的相对准确定位也有很大关系,测量时必须从总体上进行控制。

塔梁固结处结构复杂,为避免产生内应力,固接时环境温度与设计基准温度值不能相差太大,具体数值应通过设计院确认,且连接工作宜快速进行,选择温度较恒定时段为宜,并避免太阳照射影响,选在早晨 3~6 点进行较为适宜。

6 钢塔标准节段安装标准化

6.1 标准节段安装概况

钢塔标准节段安装包括钢塔 T3～T21 节段及上横梁安装,概况见图 6-1,工艺流程见图 6-2。

图 6-1 钢塔标准节段概况图

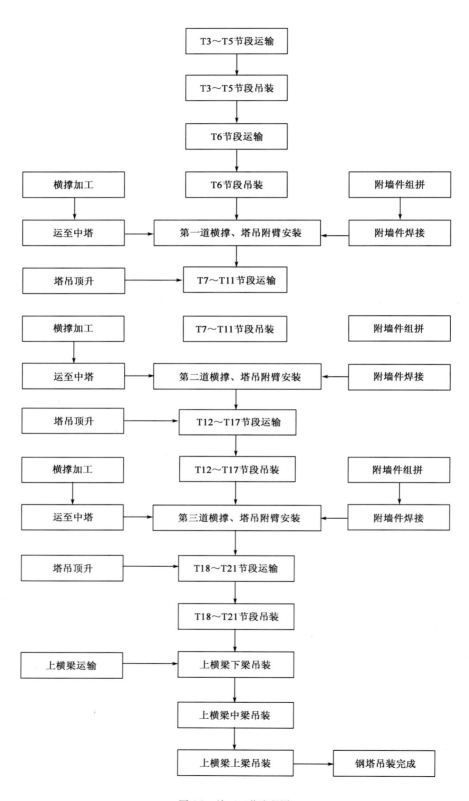

图 6-2 施工工艺流程图

6.2 D5200 塔吊拼装

钢塔标准节段及上横梁安装均由新研发的 D5200 塔吊安装，D5200 塔吊起重能力达 240t，吊高 205m（图 6-3）。

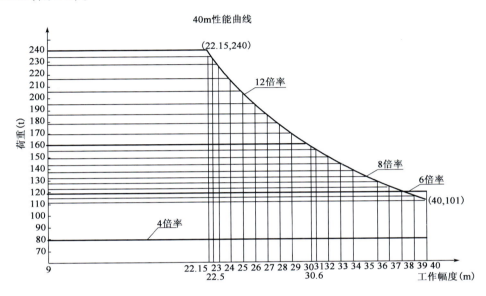

图 6-3 D5200 起重曲线

承台施工时预埋塔吊基础，并与第一个标准节连接（图 6-4），要求平面位置误差小于 2cm，四角高差小于 1mm，对角线误差小于 1mm。

塔吊部件水运至墩位处，利用 800t 铁驳船作工作平台，由 400t 浮吊配合拼装（图 6-5）。

图 6-4 D5200 塔吊基础预埋

图 6-5 400t 浮吊

安装顺序为先组拼部件（图 6-6），然后安装二节标准节→爬升架→上下支座总成→平衡臂总成→撑架总成→起重臂→起升机构→平衡重（图 6-7），其中空中拼装不加平衡重的次数为 8 次，大部分拼装作业在地面完成。

图 6-6 浮吊接高标准节

图 6-7 塔吊主体拼装完成

完成电气系统安装调试,顶升加节至设计高度(90m)(图 6-8),进行现场试吊、取证工作。

图 6-8 90m 高 D5200 塔吊

6.3 D5200 塔吊附臂安装

D5200 塔吊设计有三道附臂,其安装高度与主动横撑安装高度一致(图 6-9)。塔吊首次拼装高度为 90m,当塔吊顶升至超过独立高度后,安装第一道附臂,塔吊逐步顶升至 120m,随钢塔架设高度的增加,安装第二道附臂,顶升至 160m,再安装第三道附臂,塔吊逐步顶升至 205m。

因附臂处受力较大,为保证钢塔节段与附臂连接处不产生变形,钢塔节段内部对应位置宜做加强处理,在工厂制造时进行加强件的安装,与钢塔同步完成。

附臂安装由塔吊自身起吊完成,先安装附墙件,再安装塔身连接件,最后安装中间杆件,中间杆件长度可以根据实际测量情况进行调整。最后连接时,塔吊要起吊平衡重,将塔身调直,以消除自身变形(图 6-10)。

图 6-9　塔吊附臂

图 6-10　塔吊附臂中间杆件安装

6.4　塔吊顶升

随钢塔的安装，塔吊需在施工过程中进行顶升，塔吊标准节高度为 5.7m，质量约 17t，标准节在码头组拼（图 6-11），船运至中塔处进行顶升加高。

塔吊顶升时利用塔吊起吊标准节送入塔吊牵引架上，松钩起吊配重块，将塔吊立柱调直，再松开爬架的保险销，利用爬架三面的油顶顶升爬架，当爬架顶升到位后，安装保险，牵引架将标准节引入，将标准节与上下塔柱连接好，即完成一次顶升作业（图 6-12）。

图 6-11　塔吊标准节拼装

图 6-12　牵引架就位

6.5　主动横撑安装

钢塔标准节段安装时设计有三道主动横撑（图 6-13），吊装完相应节段，安装设计位置处的横撑结构，以塔柱施工过程中的线形控制为依据施加顶力。

横撑为钢管结构，一端设置千斤顶调节结构，另一端通过法兰与钢塔连接，采用直径 1200m、壁厚 12mm 钢管及连接系构成，横撑在组拼场拼装成整体，船运至墩位处由 D5200 塔吊吊装（图 6-14）。

安装横撑结构，在温度相对恒定的时段进行撑杆对顶作业，每道横撑设 2 台千斤顶，单侧

图 6-13 主动横撑布置图

两台同步顶推至 2t,然后用钢楔块抄紧,根据测量结果确定横撑的顶开量,在夜间温度恒定时进行施顶作业,测量检查合格后,焊接中间的接头及包板,使之成为整体,拆除钢楔块,松顶(图 6-15)。

图 6-14 钢塔主动横撑

图 6-15 钢塔主动横撑安装

每道横撑施加水平推力时执行监控单位指令,以控制钢塔线形为主。

6.6 定位、调节装置安装

吊装过程中为使下一架设节段能够较容易地插入,在已安装节段与待安节段四边安装限位板。在牵引系统的配合下,待安节段下落时利用限位板对位(图 6-16、图 6-17)。

图 6-16 限位板

图 6-17 限位板进行限位

安装时,应使已架设节段的拼接板处于敞开状态(图 6-18),此敞开的拼接板通过木制隔块及长螺栓进行固定。

调整接头竖向调整通过安装在钢塔侧面的调位牛腿完成,平面位置由水平千斤顶调整。千斤顶安装在已安装节段内侧的牛腿支架上(图 6-19、图 6-20)。

图 6-18 节段顶面节点板

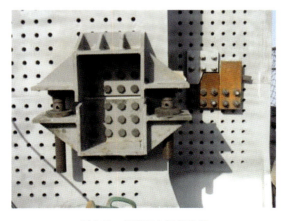

图 6-19 钢塔竖向调节装置

图 6-20 钢塔水平调位装置

6.7 钢塔安装

钢塔通过水上运输至中塔,停靠在中塔靠马鞍山侧,钢塔上船时要考虑现场安装情况,需注意装船方向(图6-21)。

标准节段吊耳共制作6套,均在工厂内安装到位,到现场后直接用吊具与吊耳相连,吊耳采用直径30mm的普通螺栓连接,每个吊耳共上15个螺栓,要求每个螺栓长度都与板厚匹配,且两侧各上一垫圈(图6-22)。

图6-21 钢塔进场

图6-22 吊耳实物

钢塔起吊前,检查节段情况(图6-23),重点是吊耳螺栓坚固及脚手架连接质量,确认测量基线并布置测量控制点。

塔吊主钩起吊专用吊具,可以通过液压千斤顶调整钢塔的空间位置(图6-24)。

图6-23 钢塔节段起吊前检查

图6-24 钢塔专用吊具

塔吊缓慢起吊钢塔,当钢塔离开船面约50cm时(图6-25),暂停起吊,对钢塔空间位置进行检查,要求钢塔下口四角高差控制在5mm以内。满足要求后继续起吊钢塔,起吊到位后,旋转起重臂至安装位置,松钩下落。

下落到离接口约1m位置时,将牵引系统安装到位,作业人员在钢塔内拉紧牵引绳,调整钢塔位置,使其落入导向及限位板内(图6-26)。

下落到位后,测量人员对钢塔进行检查,利用水平顶、侧面限位板完成钢塔平面位置调整,根据测量结果调整竖向位置,并检测钢塔金属接触率情况,当满足要求后,打入冲钉初步定位

（图6-27）。

塔吊松钩，卸吊具，施工人员穿入螺栓并施拧（图6-28）。

图6-25 起吊后检查

图6-26 钢塔节段下落对位

图6-27 对钢塔位置进行测量

图6-28 安装高强螺栓

调整接头安装前必须对上一节段的倾斜度、四角高差进行测量，以明确接口调整量，当各项指标均满足设计及验收要求时，可以将调整接头按正常接头进行连接，此时拼接板可直接根据厂内预拼情况进行钻孔。当需调整时，拼接板一侧需后钻孔，现场利用竖向调整装置调整钢塔位置，测量检查合格后，放出拼接板孔样，钻孔后进行连接。

6.8 上横梁安装

上横梁也由D5200塔吊吊装，吊装时最大吊装质量为中梁161.8t，下梁、中梁均设4个吊耳，采用塔吊直接起吊，为避免出现水平力，吊耳设计一定夹角（图6-29）。

下梁、中梁一次吊装（图6-30），利用工艺拼接板完成定位，再配孔制作正式连接板，在温度相对恒定时段进行连接。

上梁总质量为296.8t，分二段制作，每段质量为148.4t，满足最大吊重要求（图6-31）。每段上梁同样设四个吊耳。

上梁分两段进行吊装，安装时以下梁、中梁为依托，设三向调整装置，以精确调整上梁空间位置，保证两段梁连接后的线型（图6-32）。

起吊梁段支撑于调位系统上（图6-33），通过千斤顶调整标高及平面位置，满足要求后将上梁与塔柱间用临时连接板固定，锁定梁段相对位置，各千斤顶也同时锁定。

图 6-29　上横梁吊耳

图 6-30　整体吊装中梁

图 6-31　上横梁上梁

图 6-32　上横梁上梁调整装置

图 6-33　第一段上梁就位

以同样方式吊装另一节段,调整就位后将中间接头拼接板上好,并用螺栓连接,最后将上梁与钢塔进行连接,连接要求同下、中梁要求,必须选择合适的温度。

6.9　钢塔线形控制

水平预拼装时,支点位置需计算确定,以防端面出现转角,不能体现实际架设情况(图 6-34)。

塔柱相对位置采用全站仪直接测量,倾斜率采用全站仪、激光准直仪测量,标高采用全站仪天顶测距法测量,各仪器精度满足控制精度要求(图6-35)。

图6-34 钢塔预拼装

图6-35 安装激光准直仪

根据钢塔截面形式选定测量控制点,在厂内制作时做好标记,作为现场测量控制的基准点,以检查平面位置、标高、中心点的实际情况,宜选择四个角点及四个中点共8个控制点进行测量控制(图6-36)。

钢塔架设后对接口金属接触率、相对位置进行检查,金属接触率采用0.04mm塞尺检查(图6-37),相对位置采用测量仪器检查,满足要求后方可进行连接。

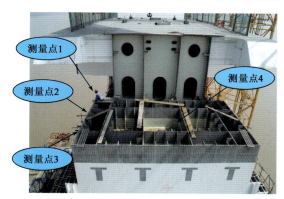

图6-36 钢塔测量控制点布置

图6-37 检查金属接触率

钢塔测量工作在环境温度相对恒定时段进行,一般在凌晨进行测量检查,测量起重设备保持自身平衡,因钢塔有顷角,设计辅助装置接收激光束(图6-38)。

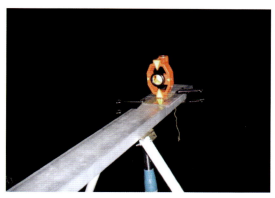

图6-38 投影接收装置

设置主动横撑以保持设计线形,主动横撑安装时以钢塔线形控制为主,当塔柱间相对位置满足要求后在温度相对恒定的时间段内将主动横撑锁定。

钢塔安装验收标准如表 6-1 所示。

钢塔安装验收标准　　　　　　　　　表 6-1

项次		检查项目		允许偏差	检查方法和频率
1	关键项目	高强螺栓扭矩		±5%	测力扳手;检查 5%,且不少于 2 个
2		安装高度(mm)		节段 ±2,且全部 ≤10	全站仪;每节段 4 点
3		垂直度(mm)		$H/5\,000$	全站仪;纵横向各 2 点
4	一般项目	两塔柱中心距(接头部位)(mm)		±4	全站仪或钢尺;2 条
5		对接口板错边量(mm)		2	钢尺;每边 2 点
6		节段相对塔柱轴线的偏差(接头部位)(mm)		2/1 000	全站仪;纵横向各 2 点
7		横梁中心处标高相对差(mm)		±4	全站仪(钢尺)结合水准仪;5 点
8		端面金属接触率	壁板	≥50%	塞尺,逐段面
			腹板	≥50%	
			加劲肋	≥40%	

7 钢筋混凝土拱形塔施工标准化

7.1 拱形塔工程概况

马鞍山长江公路大桥右汊主桥为三塔六跨半漂浮体系斜拉桥,其主塔布置为拱形塔,内外曲线为"圆曲线+椭圆线+悬链线"组合形式,主要采用变曲率液压爬模施工工艺,横梁和塔顶合拢段采用钢管支架施工,施工总体布置见图7-1,工艺流程见图7-2。

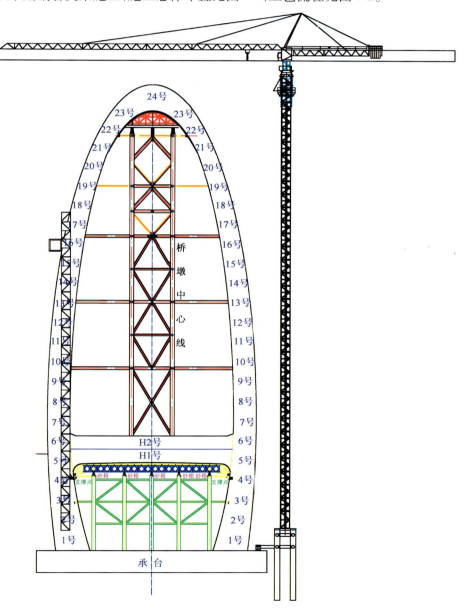

图 7-1 拱形塔施工总体布置图

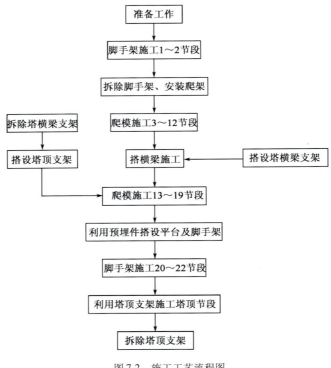

图 7-2　施工工艺流程图

7.2　变曲率液压爬模

7.2.1　检测试验

对主要构件进行探伤试验，防止不合格产品投入使用（图 7-3）。

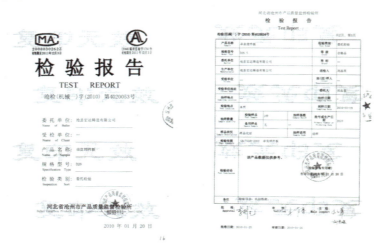

图 7-3　构件探伤检测报告

7.2.2 组拼

分片在钢塔上进行爬架拼装(图7-4)。

图7-4 爬架拼装

7.2.3 爬升

爬架爬升前做现场技术交底,并由厂家技术管理人员进行现场指导和演练(图7-5)。

爬架爬升前后均要按照格式化检查表(表7-1)对照检查,在监理工程师确认允许的情况下方可爬升(图7-6)。

图7-5 现场技术交底

图7-6 爬架爬升前检查

液压自爬模爬升安全检查记录表　　　　表7-1

工程名称： 施工节段：			
阶段	检 查 项 目		检查结果
爬升前	1. 爬模操作人员及通信设备是否到位		
	2. 爬架爬升前混凝土强度是否大于10MPa		
	3. 埋件位置与设计位置是否一致		
	4. 受力螺栓及挂座是否安装牢固		
	5. 架体爬升途中是否清除所有障碍物		
	6. 清除爬模上不必要的荷载及撤离非操作人员		
	7. 后移拉杆及齿轮插销是否固定牢固		
	8. 爬升导轨前上下换向盒是否调整到爬升导轨位置		
	9. 爬架爬升前导轨尾撑是否撑到混凝土面，承重三角架附墙撑是否缩回		
	10. 是否拔掉安全销		
	11. 爬升架体前上下换向盒是否调整到爬升架体位置		
	12. 电控系统及液压系统是否工作正常		
	13. 防坠钢丝绳是否安装牢靠		
爬模组： 日　期：	项目部： 日　期：		监　理： 日　期：
爬升过程	1. 导轨提升后埋件系统是否拆除及混凝土面修补是否合格		
	2. 导轨提升到位后是否与附墙挂座连接牢固		
	3. 架体爬升一个行程后是否拔掉承重销		
	4. 油缸不同步、架体遇到障碍等阻碍爬升状况应及时喊停		
	5. 爬升到位后是否插入承重销		
	6. 防坠钢丝绳是否安装可靠		
爬模组： 日　期：	项目部： 日　期：		监　理： 日　期：
爬升后	1. 爬升完毕上下换向盒是否调到爬升导轨位置		
	2. 是否关闭所有阀门及电气设备		
	3. 承重三角架附墙撑是否就位		
	4. 爬模架体各构件连接是否牢固		
	5. 爬模架体各个平台及护栏是否连接成整体		
	6. 各个平台的防护网及防坠网是否安装		
	7. 防坠钢丝绳是否安装可靠		
爬模组： 日　期：	项目部： 日　期：		监　理： 日　期：

7.3 模板制作与安装

场地搭设简易平台，并进行调平(图7-7)。

按顺序安装工木梁、背肋，间距误差控制在1cm以内(图7-8)。

图 7-7　场地平台搭设

图 7-8　工木梁、背肋安装

模板采用反面打钉,确保模板面板无螺钉眼(图 7-9)。

模板表面平整度控制在 2mm 以内,接缝空隙控制在 1mm 以内,监理验收合格后方可使用(图 7-10)。

图 7-9　模板面板安装

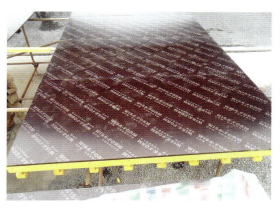

图 7-10　模板面板表面

模板采用可调螺杆调整曲率,调整后的面板采用靠尺进行检验,保证曲率误差在 3mm 以内(图 7-11)。

图 7-11　可调曲率模板及曲率检查

采用三重体系控制节段错台：①爬架体系下拉杆；②模板下层拉杆；③模板底部顶托支撑（图7-12）。

局部线形（3cm倒角）：采用特制的PVC圆弧倒角制作，并利用502胶水牢固的黏在曲面模板上。并对每个倒角黏贴质量进行检查（图7-13）。

图7-12 节段错台三重控制体系　　　　图7-13 PVC圆弧倒角

7.4 劲性骨架安装

劲性骨架采用塔吊分片安装，安装初调位置后进行固定，安装精度控制在1cm以内（图7-14）。

图7-14 劲性骨架安装

7.5 索导管安装

根据索导管的三维空间坐标，先固定下口，再固定上口，最后与劲性骨架固定在一起，并设置观测点，在混凝土浇筑前进行复测，索导管锚固点的位置误差控制指标为5mm（图7-15）。

图 7-15　索导管安装定位

7.6　钢筋安装

在劲性骨架顶上放样确定主筋位置,然后在一半高度放样再次确定钢筋中间的位置,通过套筒将主筋连接,接着安装水平箍筋和拉筋(图 7-16)。尤其注意钢筋间距,受力钢筋间距允许误差为 ±20mm,横向水平筋间距允许误差为 ±10mm(因预应力影响的除外)。

钢筋保护层采用三点固定法,底部与预埋钢筋连接,顶端利用劲性骨架放样固定,中间增加一道钢筋固定点。保护层垫块 5 个/m²,以确保主筋保护层合格率不小于 90%(图 7-17)。

图 7-16　钢筋绑扎

图 7-17　保护层垫块布置

7.7　预应力管道安装

对于索塔的井型 JL32 预应力钢筋,安装时先在钢筋上划线做好记号,然后安装定位钢筋、波纹管,穿束,安装锚盒,引出压浆口,预应力管道安装偏差控制在 1cm 以内(图 7-18)。

为了减少预应力钢筋锚盒对水平钢筋的影响以及锚盒四周整齐,经过多次的现场使用与证明,可以采用 PVC 管代替钢锚盒,安装后在 PVC 内填充硬泡沫胶。锚盒内混凝土为一次性灌注(图 7-19)。

图 7-18　预应力管道安装

图 7-19　PVC 管替代钢锚盒

7.8　混凝土浇筑

7.8.1　配合比

混凝土配合比经总监办验证审批,确定施工配合比为:水泥∶粉煤灰∶碎石∶砂∶减水剂：水 =430∶60∶1097∶701∶5.39∶162。

7.8.2 混凝土原材料

混凝土原材料必须进行清洗、过筛，确保满足规范要求（图7-20）。

图7-20　原材料清洗

7.8.3 坍落度试验

现场每车均需做坍落度试验，确保混凝土浇筑过程中的性能，保证坍落度控制在180～200mm范围（图7-21）。

图7-21　坍落度现场试验

7.8.4 混凝土下料

混凝土采用串筒下料，分片区振捣，明确责任人（图7-22）。

图 7-22　混凝土下料

7.8.5　混凝土浇筑

浇筑过程中检查模板和架体,并在曲率较大的仰面模板外侧用橡胶锤轻轻敲打,保证混凝土密实(图 7-23)。

图 7-23　橡胶锤敲打仰面模板

7.9　养护、凿毛

7.9.1　夏季养护

混凝土拆模前采用顶面洒水或喷淋养护,3 天后拆模采用洒水、土工布包裹养护,7 天后采用涂刷养护液养护(图 7-24),养护时间不少于 14 天。

图 7-24　夏季养护

7.9.2　冬季养护

爬架四周安装防风板,混凝土浇筑时采用夹棉帆布包裹模板,混凝土浇筑后顶面覆盖帆布或多层彩条布,拆模后采用夹棉帆布包裹,7 天后涂刷养护液养护(图 7-25),养护时间不少于 14 天。

图 7-25　冬季养护

7.9.3　凿毛

当混凝土强度达到 2.5MPa 时采用錾子凿毛,剔除表面浮浆,露出新鲜石子(图 7-26)。

图 7-26　凿毛

7.9.4　切缝

切缝前先在混凝土上弹水平线,沿着水平线切缝,切缝深度 2cm(图 7-27)。

图 7-27　切缝

7.10　线形控制

7.10.1　水平横撑设置

在横梁以上索塔部分设置水平横撑,每 15m 高度间距设置一道横撑,在倾斜度较大的地方设置间距相应减小。横撑与索塔同步施工(图 7-28)。

图 7-28 横撑与索塔同步施工

7.10.2 放样

索塔放样时均按照监控提供的预偏数据进行调整。放样时偏差控制在 1cm 以内。

索塔放样需进行项目部、驻地办、总监办、测量中心的多重检验以确保索塔线性。现场放样如图 7-29 所示。

图 7-29 现场放样

7.11 塔顶合拢段施工

7.11.1 拱底模板制作

塔顶合拢段底模为整体钢拱架，分片加工制作而成，每片质量不超过 4t。加工完成后，进行整体拼装检验,整体尺寸偏差控制在 5mm 以内,局部不平整度控制在 3mm 以内。

7.11.2 塔顶支架顶推

支架安装后,在顶部横撑位置单侧施加约 1000kN 的水平推力,用于改善索塔结构受力和线形,采用 4 台千斤顶同时顶推,先顶推 50% 水平力,再顶推 100% 水平力(图 7-30)。

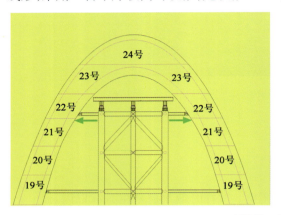 

图 7-30 塔顶支架顶推

8 墩柱施工标准化

8.1 墩柱工程概况

马鞍山大桥墩柱一般采用矩形圆弧倒角实体柱式墩(图8-1),墩身设置凹槽,墩柱两外侧墩柱上部向外弯曲与上部箱梁的斜腹板相协调,墩身上部弯曲段高度为3.85m,呈佛手状,具体工艺流程图见图8-2。

图8-1 马鞍山长江公路大桥引桥墩柱构造示意图

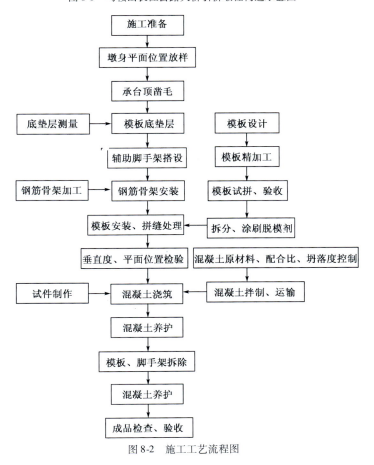

图8-2 施工工艺流程图

8.2 预埋筋定位

预埋钢筋定位是预防控制墩柱钢筋保护层最关键的工序。

墩身钢筋预埋在承台内,承台模板安装完毕后,放设墩身底部四周拐点并在承台模板上做好连线标记,作为墩柱预埋主筋平面位置控制基线,根据设计保护层净距要求确定墩身主筋位置,精确定位预埋钢筋(图8-3)。

图8-3 预埋筋保护层控制

预埋主筋与承台钢筋焊接牢固,预埋钢筋埋置好后,绑扎足够数量的箍筋形成劲性骨架防止预埋钢筋变形,涂刷防锈水泥浆,丝头旋入机械套筒后整体包裹保护(图8-4)。

图8-4 预埋筋劲性骨架及整体防护

完成防雷接地、墩身模板支撑钢筋预埋件安装;承台混凝土浇筑、振捣时加强对预埋筋的保护工作,确保预埋主筋不变形、移位。

8.3 凿毛

承台混凝土达到2.5MPa强度后,钢筋绑扎前对墩身预埋钢筋内侧范围内承台顶面混凝土进行凿毛,凿毛应凿到混凝土面有较多石子外露(新鲜混凝土)为准,并冲洗干净(图8-5)。

图 8-5 凿毛

8.4 脚手架搭设

为了确保墩柱钢筋定位准确,施工时需进行脚手架搭设。

施工双排脚手架采用碗扣支架或扣件式钢管支架搭设。脚手架外侧利用钢管及扣件设置符合规范要求的斜杆或剪刀撑,确保支架的整体稳定性(图8-6)。

脚手架基础落于在承台及处理硬化好的地基上,并采用长度不少于 2 跨 10cm×10cm 的方木作垫板(图8-7)。

图 8-6 双排脚手架搭设　　　　　　　　图 8-7 脚手架基础处理

操作架施工层、人行斜道宽度范围内脚手板平铺,铺满铺稳,斜道脚手板应每隔25～30cm 设置一根 2～3cm 宽的防滑木条,脚手板两端与横杆可靠固定,以防倾翻。脚手架搭设时需注意不影响墩身施工时模板的安装、拆除,同时设置好脚手板至模板作业层通道(图8-8)。

斜道两侧及操作平台外围均设置栏杆、挡脚板,平台栏杆比最上层作业层高1.2m,挡脚板高度不应小于18cm。

图 8-8　脚手板主模板作业通道

8.5　钢筋加工及安装

现场设立钢筋加工区(图 8-9),专门用于加工和堆放钢筋。

进场钢筋必须按不同钢种、等级、牌号、规格及生产厂家分批验收,分类堆放在专门的钢筋台座上并设立标志牌,台座支垫高度在 0.5m 以上,暂时不用的钢筋要用防雨布进行覆盖(图 8-10)。

图 8-9　钢筋加工区

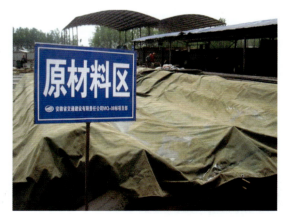
图 8-10　钢筋存放区

墩柱钢筋尺寸严格按照设计图中钢筋编号和供应钢筋的尺寸精确加工:用长线胎膜整体预制或加工成半成品。

墩柱主筋加工时注意丝头的保护(图 8-11、图 8-12),检验合格的丝头套上保护帽或拧上连接套筒防止损坏丝头;加工好的半成品进行分类堆放,做好上盖下垫保护或存放于钢筋棚内(图 8-13)。

钢筋绑扎前,用全站仪在承台上定出墩柱纵、横轴线和柱模内外平面轮廓线,用墨斗弹出连线,作为绑扎、安装钢筋和立模基准,并测出墩底四周拐点标高(图 8-14)。

图 8-11 滚轧直螺纹丝头加工

图 8-12 长线胎膜整体预制

图 8-13 半成品存放

图 8-14 墩身平面尺寸放样

根据墩身平面尺寸位置,通过吊锤测量,在脚手架上利用钢管搭设主筋安装外形框架(图 8-15)。

墩柱主筋采用带锁母的滚轧直螺纹套筒与承台预埋主筋逐个连接,并采用力矩扳手对连接质量检验。同一断面的钢筋接头数量不超过断面钢筋数量的 50%,相邻钢筋接头错于不小于 $35d$ 的距离,对接时保证钢筋的垂直度,可间隔设置箍筋,预先形成劲性骨架;完成主筋连接

图 8-15 钢筋安装外形框架

后,进行箍筋绑扎,做到上下层网格对齐,层间距正确,扎丝头一律向内(图 8-16、图 8-17)。

图 8-16 钢筋绑扎　　　　　　　　　图 8-17 钢筋安装检查验收

墩身箍筋全部绑扎完成后,在墩身钢筋骨架侧面梅花型布置同强度混凝土保护层垫块,要求与设计要求的钢筋净保护层厚度匹配且与混凝土颜色一致,并相互错开绑扎牢固;混凝土保护层垫块密度设置原则:直线段不少于 5 个/m^2,曲线段可视实际情况加密(图 8-18)。

当墩身直线段高度≥10m,墩身的直线段和曲线段分开施工时,首节墩柱混凝土浇筑完毕,待强度达到要求完成施工缝处理之后,进行下一节钢筋的施工,重复上述步骤。

当墩身直线段高度≤10m,采用两侧墩身与上系梁一次性浇筑成型施工,完成直线段至上系梁底部钢筋安装后,进行直线段、曲线段内侧及上系梁底模板安装,再进行上系梁、曲线段上部钢筋安装(图 8-19),并完成对防雷接地钢筋电阻检验(图 8-20)。

图 8-18 保护层垫块　　　　　　　　图 8-19 墩身上系梁钢筋安装

图 8-20　防雷接地筋电阻检验

8.6　模板安装

墩身采用整体钢模,委托专业生产厂家加工制造,以保证足够的强度、刚度及加工精度。钢模板加工制作完毕后,在加工厂内试拼并由质检部进行验收,合格后方可出厂(图 8-21)。

图 8-21　模板试拼

模板安装前根据墩身的长度配置好模板并编号,通过连接配件(销栓、螺钉)整体预先拼装,完成模板拼缝、错台、平整度调整,并在试拼合格的模板背肋后作调整标记,达到板面局部不平≤1.0mm,相邻两板表面高低差≤1.0mm,拼缝≤1.0mm,模板整体表面平整度≤3.0mm(图 8-22)。

模板场内完成拆分成块,磨光机打磨至金属亮色(图 8-23)。曲线段圆弧倒角模板采用分节弯制再逐节焊接,需对圆弧倒角处通高打磨,消除节段痕迹。

根据试验构件选用优质高效脱模剂(图 8-24)。在模板表面均匀涂抹,不流不滴;略风干,并采用塑料薄膜覆盖防尘,防止二次污染,确保混凝土表面的镜面感(图 8-25)。

图 8-22　模板拼装质量检验　　　　　　　图 8-23　模板打磨

图 8-24　脱模剂涂刷　　　　　　　　　图 8-25　覆膜保护

模板安装前,施工接缝混凝土处(承台、墩柱分节顶面混凝土的表面等),用高压水冲洗干净,但不得有积水(图8-26)。

图 8-26　混凝土接合部位冲洗

模板采用吊车配合人工调整的方式进行安装,模板运输、吊运过程中,由专职安全员在场,专人指挥,轻拿轻放,防止局部变形。

模板拼装时须按预拼的标记调整到位,拼缝采用双面胶粘贴并打磨齐平,严格检查确保所有接缝严密,不漏浆,无错台现象。同时检查保护层垫块是否与模板紧贴、有无损坏,做好保护层控制(图8-27)。

每节段拼装好后及时检查模板的中心偏位和垂直度,紧固连接配件,通过斜拉杆和双背楞将模板双向加固,保证模板有足够的强度和刚度。合格后拼装下一节模板。

图8-27 模板安装

模板与承台接触面设置海绵防漏条,并用高强砂浆封堵密实,防止混凝土浇筑时漏浆(图8-28、图8-29)。

图8-28 粘贴海绵条　　　　　　　　图8-29 高强砂浆封堵

模板完成垂直度及中心位置检测(图8-30),安装牢固,用缆风绳将钢模板四边呈"八"字形固定(图8-31)。

两侧墩身与上系梁一次性浇筑成形施工工艺模板安装:直线段、曲线段内侧及上系梁底模板安装→上系梁、曲线段上部钢筋安装→曲线段模板、系梁侧模安装。

墩身的直线段和曲线段分开施工时,直线段采用翻模工艺(图8-32);曲线段采用抱箍安装。

直线段混凝土浇筑略高于设计值2～3cm,便于二次浇筑混凝土施工缝凿毛处理,保证接头整齐美观。

做好分节模板安装保护工作,加快模板安装进度,尽快完成混凝土浇筑。避免因分节模板安装间隔时间较长脱模剂挥发,导致混凝土拆模后产生色差;避免模板安装后等待浇筑时间过长,模板表面被污染,影响混凝土外观质量。

图 8-30　模板安装质量检验

图 8-31　模板防倾覆措施

图 8-32　混凝土分次浇筑模板安装

为有效控制施工质量,首件实体墩柱施工前,进行试验墩工艺试验,验证模板质量和振捣等施工工艺,以科学地指导首件墩柱的施工(图 8-33)。

图 8-33　试验墩

8.7 混凝土浇筑

对砂、石料质量严格控制,砂、石料仓搭设集料大棚,防污、防雨、防晒(图8-34)。

碎石清洗后进场。若碎石二次污染,采用高压水冲洗,清洗污水通过料仓预留沟槽排放至污水沉淀池沉淀后排放至指定地点(图8-35、图8-36)。

图8-34 集料存储棚

图8-35 进场碎石清洗

模板安装完成后,进行垃圾清理与钢筋保护层检查工作,要求保护层垫块数量设置每平方米不少于5个,无损坏,紧贴模板(图8-37)。

图8-36 洗料池

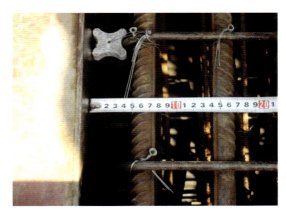

图8-37 保护层检查

墩柱钢筋密集,在系梁伸入墩柱上下层主筋处预留指挥人员上下、设置串筒的人孔,断开的钢筋采用滚轧直螺纹套筒连接(图8-38)。

混凝土浇筑前模板、钢筋经检查合格后,指挥振捣人员经预留人孔至钢筋内部,接串筒开始浇筑混凝土。采用汽车吊提升料斗或汽车泵通过串桶下料,水平分层30cm浇筑,连续进行(图8-39)。

混凝土配合比、坍落度、振捣由试验室、现场技术负责人全程监控,规范操作。

混凝土浇筑至顶层时,预留人孔断开的钢筋采用套筒连接(图8-40)。
完成墩柱支座垫石、挡块预埋钢筋、桥梁支座锚栓孔的安装(图8-41)。

图8-38 钢筋采用直螺纹套筒连接

图8-39 混凝土浇筑

图8-40 预留人孔封闭

图8-41 墩顶预埋件安装

混凝土浇筑完成后及时进行一次收浆,控制表面平整度,混凝土初凝前进行二次收浆,防止混凝土表面出现裂纹(图8-42),墩身及系梁顶部混凝土收光后立即用土工布对顶面混凝土进行覆盖,蓄水养生。

混凝土强度达到2.5MPa后,进行墩顶支座垫石混凝土人工凿毛(图8-43)。

图8-42 墩顶混凝土收浆

图8-43 墩顶混凝土凿毛

8.8 模板拆除、养生

吊车配合人工完成模板的拆除,拆除的模板分类堆放,集中清理、刷好脱模剂备下次使用(图8-44)。常温下模板拆除后立即对柱墩进行洒水养护,及时采用塑料薄膜及透明胶带紧密缠裹覆盖,保持薄膜覆盖严密,使构件表面始终处于湿润状态。

高温季节,墩顶设置滴灌桶接带孔水管缠绕墩身进行覆膜滴淋养护(图8-45)。

图8-44 模板拆除

图8-45 夏季混凝土养护

冬季施工时,在塑料薄膜缠裹后加设加厚双层土工布缠裹保温养护,并在支架内侧增加帆布覆盖,进行加热养护(图8-46)。

图8-46 冬季混凝土养护

8.9 脚手架拆除

模板拆除后即可拆除操作架,脚手架拆除前,对脚手架作全面检查,清除全部剩余材料、器具及杂物;拆除时划出安全区,设置警示标志,派专人看管;拆除的构配件应分类堆放,以便于运输、维护和保管。支架拆除完成后应对场地进行清理。

统一完善现场标识、标牌,整齐规范(图8-47)。

图8-47　标牌规范设置

8.10　质量评定

驻地办应在结构物拆模的第一时间将外观图片及总体评述反馈到项目办、总监办,各项指标应满足相关规范、图纸要求,特别是工后钢筋保护层合格率应不低于90%,混凝土外观保证色泽一致,线形顺直,平整度小于3mm,错台小于1mm(图8-48、图8-49)。

图8-48　外观质量

28天后进行试块抗压、回弹检测,完成对墩柱质量检验评定(图8-50)。

图8-49 保护层检测　　　　　　　　　　　图8-50 回弹强度检测

8.11 技术总结、交底、培训、交流

严格执行方案评审,落实首件工程认可制度(图8-51~图8-53)。

图8-51 方案评审

落实试验墩、首件技术总结要求,对参与墩柱施工的人员进行技术、操作、安全、环保三级交底,落实标准化检查,确保施工过程的工程质量、文明施工和人身安全(图8-54)。墩身混凝土浇筑前工序检查签证表见表8-1。

召开现场专家会交流会、专题会,开展制定混凝土通病防治、外观、耐久性控制措施,实行标准化管理(图8-55)。

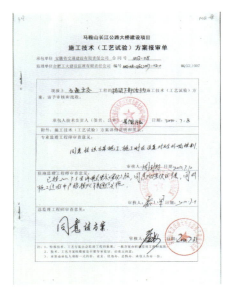

图 8-52 施工方案审批

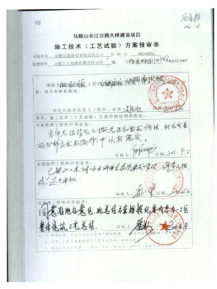

图 8-53 首件总结审批

图 8-54 分级交底

图 8-55 质量交流

墩身混凝土浇筑前工序检查签证表

表 8-1

工程部位		桩号		施工班组			
序号	工序名称	检查内容及要求	执行情况	项目部责任人	施工班组负责人	监理意见	备注
1	墩身放样	十字线放样	是否已放样				
2	脚手架搭设	脚手架钢管	符合方案要求				
		剪刀撑、斜撑设置	符合方案要求				
		立杆垂直度及间距	符合方案要求				
		安全网挂设	挂设牢固				
		脚手板铺设	满铺、固定牢靠				
3	混凝土凿毛	凿毛面	露出新鲜混凝土、表面清洁度				
4	钢筋加工、安装	钢筋规格、尺寸	符合设计、规范要求				
		现场安装	满足设计要求，检验合格				
		防雷接地钢筋安装	符合设计要求				
		垫石、挡块预埋筋安装	符合设计、规范要求				
5	模板工程	钢模板制作、零件加工	满足规范要求				
		模板除锈、脱模剂涂刷	满足要求、报检合格				
		模板拼缝	严密、无错台				
		连接螺栓、拉杆安装	拉杆、螺栓上满、拧紧				
		模板下口处理	砂浆封堵				
		模板平面位置、垂直度、标高测量	满足设计、规范要求				
6	安全围护、警示标牌	钢筋作业车间检查	材料分类堆放、标识清晰				
		墩顶操作平台	脚手板铺设、栏杆设置符合方案要求				
		现场安全警示标牌设置	安全防护及标志牌齐全、布置醒目				
7	拌和站	原材料	充足、质量合格				
		机械设备及人员	设备保养完好、人员齐全				
8	冬季养护措施	原材料覆盖、水加热	钢筋、砂石料均覆盖，水按规定加热				
		现场保温材料	符合方案要求，包裹严密				

续上表

工程部位			桩号		施工班组			
序号	工序名称		检查内容及要求	执行情况	项目部责任人	施工班组负责人	监理意见	备注
9	现场机械设备、人员	挖掘机、吊车	现场待命					
		吊车、电焊机等机械性能	性能良好,维修保养及时					
		施工人员	技术、操作、安全、环保交底全面					

项目总工：　　　　　　　　生产经理：　　　　　　　　日期：

9 预制小箱梁施工标准化

9.1 预制箱梁工程概况

马鞍山大桥小箱梁一般采用后张法预应力预制箱梁,箱梁长30m,高1.60m,底宽1.00m,中梁顶板宽2.40m,边梁顶板宽2.85m。工程实体概况见图9-1,工艺流程见图9-2。

图9-1　30m预制预应力箱梁

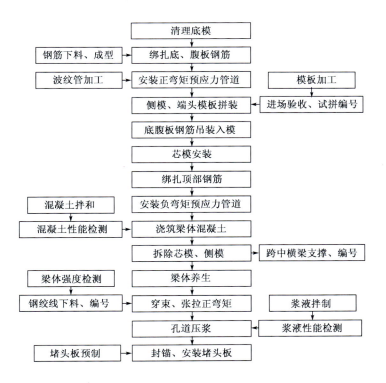

图9-2　后张法预制小箱梁工艺流程图

9.2 预制场地

9.2.1 预制场地规划布置

预制场尽量采用横桥向布设方案(图9-3)。存梁区设在预制场与主线之间区域,中型梁场规划应不少于16 665m²。

图9-3 预制场地

9.2.2 预制场地整理、台座制作

梁场清表、碾压(压实度不小于90%);台座硬化混凝土垫层应不小于10cm;台座混凝土厚度应不小于25cm,端头加厚30cm处理(图9-4、图9-5)。

图9-4 台座浇筑前

图9-5 台座浇筑完成

台座规划时要求纵横平齐,同端吊装槽在一条线上,座体依次统一编号,标注在座体两端侧向(图9-6)。

枕梁区应用双层钢筋混凝土浇筑,枕梁位置设在吊点区域(图9-7)。

图9-6 台座统一编号

图9-7 枕梁区钢筋绑扎

9.3 原材料控制

9.3.1 碎石

砂、石料仓须搭设集料大棚(图9-8)。采用反击破工艺生产,进场前应冲洗,规格和等级应符合规范要求。

图9-8 砂、石集料大棚

碎石用装载机转运至冲洗台,洒水车高压水头分次转运、分次集中冲洗(图9-9)。

图9-9 碎石转运冲洗

9.3.2 黄砂

采用级配良好的Ⅱ区中砂,规格和等级应符合规范要求。超粒径砂需经9.5mm筛网过筛(图9-10)。

图9-10 砂料过筛

9.3.3 水泥

采用旋转窑生产的低碱水泥,散装罐仓储存。

9.3.4 外加剂

集中储存于仓库或专用棚内。为现场水剂型外加剂储存桶搭设遮阳棚,使用时专人搅拌至上下层均匀。固体型外加剂,仓库内装袋精确称量,转运现场专人投料。

为保持成型后的梁体色泽一致,各种组料产地、规格、品种固定。若需更换任一组料,必须经过各方面指标验证合格,对外观无影响后,方可使用。

9.4 底模

底模上覆钢板采用割枪拆割,钢板厚度不小于1cm,与台座两侧预埋角钢间断焊接(图9-11)。
台座吊装孔处铺设同厚度1cm钢板,两端搁置长度3cm,接缝处用玻璃白乳胶填平,侧面、顶面平齐(图9-12)。

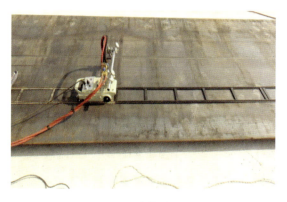

图9-11 底模覆钢板　　　　　　　　　图9-12 接缝处理

清理底模,磨光机打磨至金属亮色(图9-13)。
均匀涂抹优质高效脱模剂;略风干,用软薄膜防护,隔离雾水、尘埃、蚊虫(图9-14)。

图9-13 底模打磨　　　　　　　　　图9-14 底模保护

9.5 底腹板钢筋、预应力管道

底腹板钢筋在定形托架上绑扎成形(图9-15、图9-16),每5m间距设1道立柱,纵向钢筋按设定好的限位槽放入,横向钢筋摆放在台座底模上按照设计间距做标识处。

图 9-15　底腹板钢筋定位托架

图 9-16　底腹板钢筋绑扎

正弯矩预应力管道按复核过的坐标,根据每米特征点横向、竖向参数定位;管道纵向接头采用旋接,旋接长度大于 30cm,用宽胶带封裹。

9.6　侧模

模板采用在厂家按照设计图纸尺寸加工的定形钢模,进场后侧模先验收编号,再试拼,后使用(图 9-17)。模板大面平整度误差不大于 3mm,错台不大于 1mm。台座两侧面粘贴橡皮条,侧模底每米设一道 $\phi 18mm$ 对拉拉杆拉紧。

侧模由跨中横隔板向两端安设;模板间平口缝采用双面胶粘贴;跨中横隔板外伸端头、侧模立柱支腿底部设可靠支垫;接头螺栓孔应上足、上紧螺杆(图 9-18)。模板定期进行自校,保证模板安装后几何尺寸、平整度、错台、接缝等满足要求。

图 9-17　侧模拼装

图 9-18　侧模安装

9.7　钢筋笼吊装及保护层定位

底、腹板钢筋用桁架吊整体吊装入模(图 9-19)。底板上下钢筋间每米设置 2 道 $\phi 16mm$ 支撑筋,绑扎腹板外侧钢筋的扎丝一律甩头向内。

保护层垫块采用与设计强度相同的预制混凝土保护层垫块,其厚度与设计保护层相匹配,颜色与混凝土颜色一致。保护层设置原则:水平面不少于 5 个/m^2,立面间距不大于 30cm,保证垫块密度,以满足工后钢筋层合格率不低于 90%。箱梁端头箱室变化截面纵向间距不大于 40cm,等宽截面纵向间距不大于 50cm;在截面转折、边口、开槽洞口边缘部位均要设置。保护层垫块要设在外侧钢筋表面,用扎丝绑扎牢固,保护层外露侧面与钢模完全贴合。

箱梁预制混凝土保护层垫块,强度等级不低于 40 号,垫块和钢筋绑扎牢固,外侧面与钢侧模方向一致、密贴(图 9-20)。

正弯矩圆波纹管内穿入两根 ϕ45mm 的塑料衬管,接头相互顶紧,略错开跨中横梁部位 0.5m,外侧预留 1.2m 的拔管长度(图 9-21)。

图 9-19 底腹板钢筋整体吊装

图 9-20 混凝土保护层垫块设置

图 9-21 塑料衬管安装

9.8 顶板钢筋、负弯矩预应力管道

横向顶板钢筋按花边预留槽口依次摆放(图 9-22),外伸端头带线检查平齐(图 9-23)。顶板上下钢筋间每 1m 设置 2 道 ϕ16mm 支撑筋。

顶板负弯矩槽口下层钢筋不剪断,上层钢筋纵横向全部剪断,各预留 12d 外伸长度(图 9-24)。

顶板横向环形筋在花边洞口内、上侧绑扎纵向铁皮支挡,防漏浆(图 9-25)。负弯矩扁波纹管内衬 3~4 根 φ20mm 塑料软管。安装时,梁体纵向翼缘外侧带通长线,中间以线为标杆依次摆放,同时保持环向筋与花边槽口底部靠紧,使环向筋不仅端头齐,而且高度尽量一致。

扁锚波纹管、纵向钢筋与端头模板穿越洞口用速涨剂止缝。

1 道/m 安装拧紧上口 φ18mm 对拉螺杆(图 9-26),1 道/2m 增设防芯模上浮 I18 横梁或 1 道/2.5m 增设封闭双道[ ]16 焊接槽钢。

铺设焊接钢管框架并搁置竹胶板或脚踏板形成混凝土浇筑施工平台(图 9-27)。

图 9-22 顶板钢筋

图 9-23 顶板钢筋外伸端头平齐

图 9-24 负弯矩槽口钢筋设置

图 9-25 纵向铁皮支挡

图 9-26 对拉螺杆设置

图 9-27 混凝土浇筑施工平台

9.9 试件制与首件制总结

9.9.1 试件制

后张法预应力箱梁管孔压浆先做试件制（图9-28），根据批复配合比采用8m长钢管注浆模拟真实现场施工条件，达龄期后用切割机切开，验证其配比合理性和管孔内砂浆饱满度、密实度，经各项指标检测合格，正式做工程实体。

预制箱梁实施前，选取不小于2m长的同设计同断面尺寸、配筋试件，验证混凝土配比及外观、强度、施工工艺合理性（图9-29、图9-30）。各项指标检测合格后，正式做工程首件制。对试件制中存在的问题，集中汇总、分析，提出针对性的防治措施，在首件制中克服、避免。试件制是工程正式实施前的一次预演，若结果不理想，需再进行，直至符合要求为止。

图9-28　压浆试验

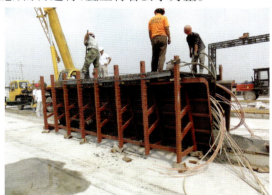
图9-29　试验段

图9-30　浇筑完成的试验段

9.9.2 首件制

首件制前,做好充分的安全、技术交底、交流;按上报批复的方案和试件制总结的防治措施精心组织、规范施工,组织人员全过程采集各项参数、指标,对各工序控制效果、施工工艺合理性、人员和设备组合、安全和质量控制措施等各方面进行分析、评价。好的方法、工艺进行推广,不足之处改进、提高、修改、完善原方案,采集可行的被验证的技术参数、指标,为后续预制箱梁施工提供参考和有益借鉴。

9.10 混凝土浇筑

底腹板和顶板混凝土坍落度区别对待,底腹板一般选取150~170mm,顶板一般选取140~160mm。根据气温高低,适时调整纵向分段水平分层数量。

从芯模顶天窗口放料到底板(图9-31),顶板面层上铺设1m×1m料垫,保持吊罐口、料垫口、天窗口在同一竖直面上。

避免过振或欠振,混凝土振捣密实以混凝土停止下沉,无气泡冒出为准。振捣间距:50型振捣棒以10cm钢筋挡距跳2格振捣;30型振捣棒以10cm钢筋挡距跳1格振捣。

底板混凝土振捣密实后,预留最大15mm厚度,再采用15mm竹胶板封底,上面两侧立放50mm×100mm方木加压,三角木楔楔紧(图9-32)。

图9-31 顶板放料

图9-32 底板浇筑

人工站在竹胶板或脚踏板的操作平台上抹面收光(图9-33),防止混凝土面上留下痕迹。收光时,为保证平整度,需将超厚部分多余混凝土铲至低洼处,相互铲补部位混凝土没有再次补振。

尽量减短每片预制箱梁浇筑用时,过长则可能出现严重水波纹。混凝土浇筑完成后及时整平、抹面收浆,遇大风天气,边收浆边用薄膜覆盖,待终凝后换成土工布并洒水保湿。保持表面始终湿润,设专人负责。

图 9-33　顶板混凝土收光

9.11　混凝土养护与验收

驻地办应在结构物拆模的第一时间将外观图片及总体评述反馈到项目办、总监办,各项指标应满足相关规范、图纸要求,并确保工后钢筋保护层合格率不低于 90%。模板拆除后,中横梁外伸部分采用方木支撑、顶紧,张拉后方可拆除。

常温下箱室内外均采用自动喷淋养生系统(图 9-34、图 9-35),养护时间不少于 7 天。

图 9-34　箱外喷淋养生系统　　　　　　图 9-35　箱内喷淋养生系统

冬季施工采用蒸养养护,当养护达到设计强度值的 70% 后可停止蒸养。若蒸养温度很高,突然掀开覆盖薄膜,气温骤降,会出现很多裂纹,严重还会出现裂缝。因此,停养时,应先关闭供养管道,让蒸养棚内温度缓慢均匀自然冷却,再掀开蒸养棚。

夏天高温季节,浇筑箱梁应避开一天当中高温时间段。同时,在高温阳光直射情况下,表层混凝土易出现假凝现象,因此,应尽量缩短混凝土纵向分段长度,按混凝土设计坍落度较大值控制拌和物工作性能,并及时养护。

9.12 预应力张拉

钢绞线穿入前应进行编号,并整束穿入,外置钢绞线套 PVC 管或防雨套防护,端口胶带封闭(图 9-36)。

预制小箱梁满足设计及规范要求方可张拉。张拉正后方设置防护钢板挡板,侧面设标识牌。挡板底面采用钢板,表面采用竹胶板或橡胶板(图 9-37)。张拉前后应采用水准仪测量箱梁跨中起拱情况,保证起拱度符合规范及设计要求。

图 9-36　外伸钢绞线防护

图 9-37　张拉作业区

9.13 压浆及封堵头板

当填塞预应力筋间隙的水泥砂浆达到设计规定值时,采用活塞式压浆泵按自下而上顺序压浆(图 9-38)。

堵头板与梁体箱室间隙用 M15 等级水泥砂浆勾缝(图 9-39);压浆切割后的外露钢绞线端头用水泥砂浆包裹防护。

图 9-38　压浆

图 9-39　间隙处理

水泥净浆涂刷所有外露钢筋做防护处理(图9-40)。

新老混凝土结合面采用机械凿毛机凿至新鲜混凝土面。连续端负弯矩扁锚波纹管外伸长度略短于端头外漏钢筋(图9-41)。

图9-40　外露钢筋防护　　　　　　图9-41　扁锚波纹管外伸设置

穿越槽口且裸露在外的扁锚波纹管用薄砂浆覆盖防护(图9-42)。

图9-42　扁锚波纹管用薄砂浆覆盖防护

9.14　存梁

存梁采取统一编号,整齐规范(图9-43)。

存梁区基础坚固、不下沉,两端高度一致;最多存两层,上下层横向支承点、纵轴线及重心重合;梁板处于简支状态。设置标识牌和安全警示标志(图9-44)。

图 9-43　存梁统一编号　　　　　　　　　　图 9-44　存梁放置

10 预制箱梁安装标准化

10.1 预制箱梁安装

10.1.1 概况

预制箱梁采用在预制场集中预制,100t 龙门吊起梁、移梁上桥,底平车转移至运梁平车,运梁平车运送到现场,100t 架桥机安装(图 10-1)。单幅单跨安装 5 片预制箱梁。安装流程见图 10-2。

图 10-1 预制箱梁安装

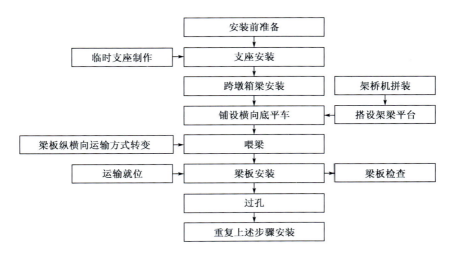

图 10-2 安装流程图

10.1.2 预制梁板吊装前准备

吊装前完善产品标识内容(图10-3),例如:桥名 K1+760 江北高架桥,梁号左幅9号~1号,浇筑时间2011年3月31日,张拉时间2011年4月13日,压浆时间2011年4月14日。

安装前安排人员疏通底板通气孔和边梁顶面泄水孔(图10-4),保证梁板安装后通气泄水。

图10-3　吊装前检查验收

图10-4　泄水孔及通气孔疏通

检查梁板连续端预制堵头板安放牢固情况。外露钢绞线采用高强砂浆包裹防护,防止锈蚀;新老混凝土结合面、边口采用凿毛机进行凿毛,凿毛必须到位,凿至外露粗集料(图10-5)。

根据设计图纸,用全站仪放出箱梁中心线和箱梁安装边线。

临时支座安装:临时支座采用砂桶制作,将制作好的临时支座安放在盖梁上,调整临时支座高度及平整度,确保片梁与相邻两临时支座处于同一平面内,其相对误差不得超过2mm。经监理工程师验收合格后即可进行箱梁安装(图10-6)。

图10-5　端头凿毛、封堵头板

图10-6　测量放样及支座安装

临时支座制作方法:采用沙桶制作筒座,尺寸为30cm×20cm×20cm,四周与地面均采用6mm钢板制作。筒芯尺寸为29cm×19cm×25cm,采用C50混凝土制作。使用前用千斤顶检查一下压力和下沉量,保证临时支座受力后,标高达到设计要求。

10.1.3 起移梁至横向底平车

移梁前对龙门吊进行检查标定,预制场龙门吊起移梁至横向底平车,移梁严禁边行走边提升(图10-7)。

梁板吊装钢丝绳与梁板接触处边角用多层土工布或厚橡胶垫防护,防止钢丝绳与梁板接触处混凝土损坏(图10-8)。

图10-7 起梁、移梁

图10-8 吊装处梁板边角保护

横向底平车钢轨铺设要求:轨与轨间用 $\phi 25mm$ 钢筋支撑,轨道必须平整,底部无缝隙,接头平顺(图10-9)。

图10-9 平车钢轨铺设

10.1.4 梁板横纵向运输方式转换,纵向运梁、喂梁

纵向运梁平车动力后置,运行速度不大于5km/h,梁体在运梁平车上必须采用钢丝绳绑扎牢固(图10-10)。

喂梁前检查架桥机是否支撑牢固,轨道是否平整稳固。梁灰过孔速度不得大于5m/min(图10-11)。

图 10-10　运梁平车

图 10-11　梁板转换到架桥机上

10.1.5　梁板安装、检查、过孔

一孔架设完毕,架桥机移动导梁后端,收起导梁前端支腿,卷扬机慢速牵引导梁前移到下一个待安跨位置,支起前端支腿(图 10-12、图 10-13)。

图 10-12　移动导梁后端　　　　　　　　图 10-13　架桥机前端支腿

10.1.6 安装安全要求

架桥机过孔安装前支腿、垫梁、轨道梁时,人员通过梯子垂直上下,不得从架桥机大梁上方爬行(图10-14)。

负弯矩锚垫板洞口先用方木支垫,土工布封堵,槽口填瓜子片,截断竖立钢筋调成水平状态,保证槽口处与梁体一样平整,部分槽口处采用2cm钢板支垫,保证运梁通道畅通、平坦(图10-15)。

图10-14 架桥机安装设置爬梯　　　　图10-15 封堵运梁平车行走处槽口

运梁通道保持畅通、平坦,伸缩缝沟槽垫15cm方木或预制条石填平,减小运梁车的振动,保证运梁安全和梁体不受损伤(图10-16)。

图10-16 运梁通道在伸缩缝处填平

梁板临边采用1道/6m,高度1.2m钢管立柱,底部与护栏预埋筋绑扎或焊接,在固定牢固的立柱钢管上中部位用2根通长水平细钢绞线拉接,空挡用立面细目网通过铁丝与钢绞线及护栏预埋筋绑扎牢固(图10-17、图10-18);湿接缝采用竹篱笆满铺(图10-19);桥下有道路经过必须搭设安全通道,通道采用钢管搭设,外围满铺细目网,通道尺寸必须满足通行要求并在通道两侧设置明显的安全标志(图10-20)。

图 10-17　临边由 3 道钢管+细目网组成硬防护

图 10-18　临边由钢管和细目网防护

图 10-19　湿接缝铺满竹篱笆防护

图 10-20　桥跨下方通道两侧设置安全警示标志

同跨左右幅相接内边梁中间 1m 隔离带安装安全网,两边与护栏预埋筋绑扎牢固(图 10-21)。

中间隔离带每隔 100~120m 设置 0.8m 宽专用人行通道,材料全由钢构件制成,具有足够强度、刚度和稳定性,两侧设 1.2m 高拉杆,悬挂安全标志(图 10-22)。

图 10-21　中分带安装安全网

图 10-22　中分带设置人行通道

10.2 附属构件施工

10.2.1 概况

预制箱梁附属构件施工包括支座安装、横梁及湿接缝现浇(图10-23)等,具体流程见图10-24。

图10-23 湿接缝

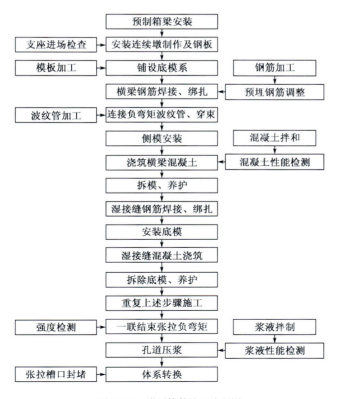

图10-24 附属构件施工流程图

10.2.2 支座安装

控制支座轴线偏差在 2mm 以内;标高差在 5mm 以内;支座四角高差在 1mm 以内。

10.2.3 支座预埋钢板安放

支座安装完成后在支座顶安放 2.5cm 支座预埋钢板,钢板放置好后,将支座四周用方木、楔块和竹胶板支垫起来,保证预埋钢板位置符合图纸要求(图 10-25 ~ 图 10-27)。

图 10-25　支座安装

图 10-26　支座顶铺沙

图 10-27　支座顶模板安装

10.2.4 横梁钢筋绑扎

用 2.5cm 厚砂浆保护层垫块控制保护层厚度(图 10-28)。

图 10-28 保护层安装

10.2.5 波纹管连接

顶板预应力束穿好后用波纹管连接套管套住预留的波纹管,外包防水带并用扎丝扎紧,连接套管必须伸入预留波纹管内 5cm(图 10-29)。

图 10-29 波纹管连接

10.2.6 绑扎横梁钢筋

连接预制箱梁端头预埋钢筋,预埋护栏钢筋及湿接缝预留筋(图 10-30、图 10-31)。

图 10-30　调整箱梁预留钢筋

图 10-31　横梁钢筋

10.2.7　模板安装

隔梁底距盖梁顶高度用方木支撑,模板底部支撑间距不得大于 80cm,支撑必须牢固,具有一定的强度(图 10-32)。

图 10-32　隔梁底部模板安装

10.2.8　拉杆固定

10mm 圆钢作为拉杆,用双蝴蝶扣固定,模板拼缝处打泡沫胶(图 10-33)。

图 10-33　横梁模板固定

10.2.9 中横梁浇筑

分五层浇筑,每层约 30cm,做到浇筑一层及时振捣一层,振捣上层混凝土必须伸入下层混凝土内 10cm(图 10-34)。

图 10-34 横梁混凝土浇筑

10.2.10 中横梁养护

设置一个养护用水箱,及时洒水并覆盖土工布养护 28 天(图 10-35、图 10-36)。

图 10-35 覆盖土工布

图 10-36 洒水养生

10.2.11 湿接缝钢筋安装

环形筋调直与箱梁翼缘板伸出钢筋每两根绑扎一根焊接一根,焊接钢筋要做到 5 点焊接,焊接采用单面焊,焊缝长度不小于 10d,绑扎与焊接钢筋做到开口相反(图 10-37)。

图 10-37　湿接缝钢筋安装

10.2.12　湿接缝模板安装

湿接缝模板置于桥下,清理干净刷脱模剂(图 10-38),模板宽度要分别预留两侧湿接缝,预留宽度为 3～4cm,便于拆模,模板在接缝处做标识,模板两侧贴双面胶或海绵条,模板处理好后用卷扬机拉至预制梁翼缘板底。

模板安装采用 10mm 圆钢作拉杆,拉紧后用蝴蝶扣固定(图 10-39)。

图 10-38　模板安装前处理

图 10-39　湿接缝模板固定

10.2.13　湿接缝浇筑及养生

混凝土浇筑完毕及时收面(图 10-40),用扫帚进行拉毛处理。覆盖土工布洒水养护 28 天,加强新老混凝土结合面的处理,温度较高时,新老混凝土结合面需进行洒水,防止混凝土出现收缩裂缝(图 10-41)。

图 10-40　顶面抹平收光

图 10-41　覆盖土工布洒水养生

10.2.14　负弯矩预应力施工

每联最后一道湿接缝混凝土强度及弹性模量达到设计值的 95% 后方可进行张拉。张拉严格按照设计图纸顺序（图 10-42）。

张拉时两边设置张拉挡板，防止夹片飞出伤人，张拉时现场技术员必须进行旁站并记录张拉原始记录（图 10-43）。张拉完成后及时封锚（图 10-44），待封锚水泥浆到一定强度后方可压浆。

压浆完成后切除多余钢绞线，保证钢绞线外漏长度为 3～5cm，并做好外露钢绞线的防锈工作（图 10-45）。

清理张拉槽口及箱梁内腔里的混凝土碎渣及杂物（图 10-46）。钢筋焊接前在箱室内放置底模板，将断开的钢筋调直焊接（图 10-47）。吊起底模，固定拉紧后浇筑混凝土。

待一联孔道压浆强度达到设计强度后，即可拆除临时支座，滑动支座安装防尘罩（图 10-48），完成体系转换（图 10-49）。

图 10-42　张拉前准备

图 10-43　负弯矩张拉

图 10-44　封锚

图 10-45　切除钢绞线

图 10-46　张拉槽口垃圾清理

图 10-47　张拉槽口钢筋焊接

图 10-48　滑动支座安装防尘罩

图 10-49　体系转换

11　现浇箱梁施工标准化

11.1 现浇箱梁概况

马鞍山南引桥40m整体箱梁为等高度预应力混凝土连续箱梁(图11-1),桥梁断面为单箱单室大箱梁,桥梁上部结构采用扣件式满堂支架及贝雷钢管桩支架两种工艺施工。具体工艺流程见图11-2。

图 11-1　40m 箱梁整体图

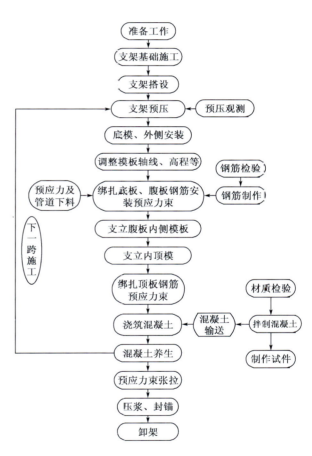

图 11-2　箱梁施工流程图

11.2 工艺性试验

现浇梁首件施工前进行试验梁(图11-3)及后张法预应力孔道压浆工艺试验(图11-4),以验证地基处理、模板拼接、支架支撑和振捣等施工工艺,科学地指导现浇箱梁施工。

图 11-3　试验梁　　　　　　　图 11-4　预应力孔道压浆工艺试验

11.3　支架施工

11.3.1　满堂支架法

对于不跨越道路，梁底面距地面高度不大于 10m，且地质稳定、地基承载力良好，不存在池塘、水沟等影响原地面处理的现浇梁，可采用满堂支架法施工。

（1）地基处理

施工前根据箱梁、支架、模板等施工荷载，支架布置形式计算确定地基承载力。

地基处理根据地质情况采取不同方法进行，当地质条件较好，原地面经处理后地基承载力满足受力要求的，对原地面进行清表，必要时表层局部换、填用压路机进行碾压，检查承载力后浇筑 15cm 厚 C15 混凝土面层。

当原地面存在薄弱层，直接处理后承载力不满足要求的，进行换填，对表面薄弱层进行清理、碾压，完成后采用 40cm 厚 5% 石灰改善土 + 15cm 厚 C15 混凝土面层硬化处理。

地基处理时必须留好排水沟，混凝土面层设置一定的坡度，以利排水，坡度设置时考虑处理面宽度，并能满足满堂支架找平要求，按整个处理面绝对高差小于 20cm 控制。

换填时首先采用挖掘机清除支架基础范围内表层 40cm 厚表层土（图 11-5），然后用压路机对地基进行碾压 6~8 次，碾压平整后回填 5% 的石灰改善土。石灰改善土预先拌制，采用挖掘机铺填（图 11-6）。

对于处于基础范围内的池塘、沟渠、泥浆池等，需先将池塘等底部的泥浆全部清除，直至露出原状土，然后用砂土等优质土进行回填，回填后标高与附近地面基本相同。回填碾压后其承载力不得低于同标高原状土承载力。

石灰改善土用挖掘机分两层铺填，每层松铺厚度不大于 30cm。

石灰改善土每填铺一层采用不小于 18t 的压路机碾压（图 11-7），每层碾压 6~8 次。承台、墩柱周边采用2kW平板振动夯人工分层夯实,压实度达到90%以上,处理好的灰土地基(图11-8)达到表面平整、密实、无坑洼、无裂缝、无起皮现象。

图11-5 清除支架基础范围内表层土

图11-6 回填5%的石灰改善土

图11-7 压路机碾压

图11-8 处理好的灰土地基

灰土处理完成后进行洒水养护,养护期间保持灰土表面经常湿润,确保其强度有效增长。

(2)地基承载力检验

地基处理完成或灰土保湿养护期≥7天后,每跨采用荷载板(图11-9)或重型触探(图11-10)进行地基承载力检测,每点实测结果应大于设计值,一般为200~250kPa。

图11-9 进行荷载板地基承载力检测

图11-10 进行重型触探地基承载力检测

(3)灰土地基浇筑混凝土面层

地基处理检验合格后铺 15cm 厚的 C15 混凝土面层,浇筑完成后要及时对面层进行收光抹平(图 11-11)。

对浇筑完成后的混凝土面层进行养护(图 11-12),夏季气温较高时采用顶面蓄水养护,冬季气温较低时采用土工布等覆盖保温、保湿养护,混凝土面层养护 7 天才能进行支架搭设。

在混凝土面层上设置 1.5% 的横坡(图 11-13),中间高、两侧低,以便于排水。

桥边线两侧设置排水沟(图 11-14),排水沟上口宽 40cm,深度为 15cm,排水沟表面抹砂浆。横桥向每 2 跨中间设一条横向排水沟,横向排水沟与纵向排水沟相交处设置一口集水井,用于放置水泵进行抽水,集水井尺寸一般为 50cm×50cm、深度 60cm。

图 11-11 浇筑灰土地基混凝土面层

图 11-12 进行混凝土面层养护

图 11-13 设置横坡

图 11-14 设置排水沟

(4)搭设满堂支架

对进场的钢管支架各部件进行检查,根据设计的支架布置形式进行支架搭设,立杆采用 $\phi 48mm \times 3.5mm$ 的钢管。横杆步距为 1.2m;横桥向立杆间距底板下方为 60cm,腹板下方为 30cm,翼缘板下方为 90cm;纵桥向靠近墩身处 8m 立杆间距为 60cm、跨中 24m 立杆间距为 90cm。立杆底部设底座,顶部设顶托,底座、顶托伸出长度均不大于 20cm(图 11-15)。

为保证支架的整体稳定性,按规范要求支架纵向、横向、平面均设置剪刀撑(图 11-16)。剪刀撑通长设置,每道剪刀撑宽度不小于 4 道立杆,长度不小于 6m,与地面成 45°~60°角。纵桥向按梁宽设置,最小设置 4 排,即支架横桥向两侧各设置 1 排,两侧腹板下方各布置 1 排,底板中间根据梁宽情况布置;横桥向桥墩处必须设置1排,沿纵桥向每隔4跨设置1排。平面上剪刀撑顶、底各一层,中间每隔4步设置一层。

图11-15 搭设满堂支架　　　　　　　　　　图11-16 设置剪刀撑

支架顶分配梁沿横桥向按设计间距布置,分配梁上再铺10cm×10cm方木背楞(图11-17),方木铺设间距由计算确定。

(5)满堂支架验收

支架搭设要严格按评审后的方案进行,避免支架各部分刚度分布不一致,使其杆件的弹性变形不均匀,导致早期裂缝。

支架搭设完成后,组织监理和项目部相关部门对支架立杆的间距布置、底座和顶托外伸距离、剪刀撑设置、碗扣的松紧程度等进行标准化检查、验收(图11-18)。

图11-17 铺设10cm×10cm方木　　　　　　图11-18 进行标准化检查、验收

现浇箱梁支架检查表如表11-1所示。

现浇箱梁支架检查表　　　　　　　　　　　　　　　表11-1

马鞍山长江公路大桥建设项目

承包单位_____　监理单位_____　合同号_____　编号_____

工程名称		工程部位		施工时间	
桩号				检验时间	
序号	检查内容及要求	承包人意见	检查人	监理意见	检查人	备注
1	地基承载力(单幅、单跨)					
2	混凝土垫层厚度满足方案要求					

续上表

序号	检查内容及要求	承包人意见	检查人	监理意见	检查人	备注
3	排水沟设置合理					
4	钢管材料产品合格证(新钢管)/型式试验(旧钢管)					
5	$\phi 48mm \times 3.5mm$ 脚手架钢管厚度及外观质量(0～+0.25mm)					
6	可调底座板钢板厚度					
7	可调托撑钢板厚度					
8	支架间距(±30mm)					
9	支架节点连接质量					
10	扫地杆及剪刀撑设置符合方案要求					
11	钢管桩入土深度及激振力					
12	钢管连接外观质量合格					
13	贝雷梁间距符合方案要求					
14	支架预压结果满足方案要求					
15	安全防护及标志牌齐全、布置醒目					
承包人自检意见及签字			监理检验意见及签字:			
签字: 年 月 日			签字: 年 月 日			

11.3.2 少支点支架施工

当箱梁跨越道路、梁底面距地面高度大于10m或存在软弱土层、池塘、水沟等不能进行地基处理的情况时,可采用少支点支架施工。

少支点方案根据现场实际情况,支点基础处理可采用扩大基础、打入桩或钻孔桩等形式。

原地面或开挖后地基承载力较高时,可采用扩大基础;一般覆盖层可采用打入桩;经计算打入桩长度较大,不利施工操作时,可采用钻孔桩。

(1)支点设置

扩大基础设置与承台施工基本相同,但基底清理后须检测地基承载力,保证满足设计要求,基础顶面设预埋件以焊接钢管立柱。

打入桩可采用钢管桩或预制桩,根据梁高、地基条件、沉桩设备、资源供应等因素综合确定。

打入桩施工时,测量人员按照支架的施工设计图对打入桩进行桩位放样,现场应该保证打入桩平面位置的准确。现场打设的桩(图11-19),发生倾斜时应及时予以纠正。

对桩的入土深度、最终贯入度进行检查,检查验证设计的准确性,保证支点承载力。

支点采用钻孔桩基础时,施工控制与钻孔桩施工相同,但在浇筑混凝土时必须在桩顶设置预埋件,以连接钢管立柱。

（2）钢管立柱焊接

打入桩与扁担梁、扁担梁与钢管立柱间的耳板、加劲板等确保焊缝高度不小于 8mm，焊接完成后及时检查焊缝高度和焊接质量（图 11-20）。

图 11-19　现场打入钢管桩

图 11-20　钢管立柱焊接

（3）支架搭设

安装钢管立柱前，根据测量标高对钢管立柱长度进行下料。焊接钢管立柱时应保证钢管立柱的垂直度控制在 1/1 000 以内。钢管立柱搭设完成后在钢管顶安装砂筒，砂筒上放置 2HN450×200 的横向分配梁，2HN450×200 的横向分配梁上沿纵向放置贝雷梁或型钢（图 11-21），贝雷梁上铺横向分配梁和方木。

贝雷梁或型钢安装在横向 2HN450×200 分配梁上后，安装限位卡对贝雷位置进行固定（图 11-22）。

图 11-21　放置贝雷梁

图 11-22　对贝雷位置进行固定

主梁间按设计安装好横向连接及水平连接，以保证整体稳定。

钢管支架搭设完成后及时组织监理和项目部相关部门对支架搭设质量进行验收，经验收合格后，方可进入下一道工序的施工。

11.3.3　支架预压

采用砂袋对支架进行全长、底板预压（图 11-23），预压荷载为 1.2 倍的箱梁底板荷载，分

60%、80%、100%进行3级加载。箱梁横截面布置5个监测点,纵桥向布置5个监测点。支架加载过程中及时对检测点的结果按照表11-2进行记录。

图11-23 采用砂袋对支架进行预压

箱梁支架沉降监测表　　　　　　　　　　　　　表11-2

观测点	加载前	加载中						加载后												卸载6h后	非弹性变形量
		60%			80%			100%												
		0h		12h		24h		0h		12h		24h		0h		24h		36h		48h		60h		72h		84h		96h		弹性变形量	
	标高	标高	沉降量	标高	沉降量	标高	沉降量	标高	沉降量	标高	沉降量	标高	沉降量	标高	沉降量	标高	沉降量	标高	沉降量	标高	沉降量	标高	沉降量	标高	沉降量	标高	沉降量	标高	沉降量	标高	

砂袋预压前按箱梁截面尺寸画出堆载布置图,以准确模拟支架受力情况,砂袋预压质量严格按设计要求控制,并做好防雨措施。

11.4　支座安装

球形支座施工前,完成墩顶支座垫石、挡块自检与监理工程师验收(图11-24、图11-25)。进场支座封存取样委外送检。

安装前开箱检查,然后将支座吊起(图11-26)。

按设计平面图布置支座安装的位置、方向,确保支座中心线与支座垫石中心线重合。安装时其标高误差控制在±5mm以内,支承面的四角高差不得大于2mm(图11-27)。

图 11-24　支座安装

图 11-25　监理工程师验收

图 11-26　支座吊起

图 11-27　误差控制在 ±5mm

环氧砂浆灌注锚栓预留孔及支座底面垫层（图 11-28）。

支座上座板及螺栓锚固预埋套筒、螺杆与箱梁底垫石一同安装、浇筑。箱梁底垫石采用竹胶板模板，四周方木固定（图 11-29）。

图 11-28　环氧砂浆灌注

图 11-29　安装好的支座

11.5　模板制作与安装

现浇梁底模一般采用竹胶板，外侧模可采用竹胶板或定型钢模板。

11.5.1 底模、侧模均采用竹胶板

现浇梁外模竹胶板单面使用次数≤2次,同时保证表面完好率≥95%。

分配梁上沿桥梁中心线向两侧铺设15mm厚竹胶板作为箱室、翼缘板底模(图11-30),拼缝处粘贴双面胶。

侧模斜腹板采用15mm厚竹胶板,翼缘板与腹板上圆弧倒角采用10mm厚竹胶板,拼缝处粘贴双面胶(图11-31)。腹板与底板下圆弧倒角采用3mm厚定形不锈钢板,拼缝处涂刮腻子粉。

图11-30 铺设底模

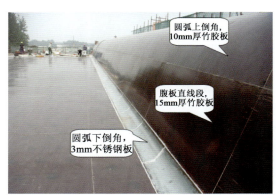
图11-31 拼缝处理

横梁处预应力槽口模板、端头模板均采用15mm厚竹胶板组拼(图11-32)。

图11-32 预应力槽口模板

模板安装保证全桥通缝,安装到位后,应保持模板表面清洁、无破损(图11-33)。

外模安装完毕后,对模板平整度、错台、拼缝进行自检,确保面板平整度不大于3mm,相邻板面错台小于2mm,模板各项检验指标均满足规范要求后,报监理工程师进行验收(图11-34)。

外模检验合格后,表面铺设土工布、垫板及方木,用于材料、临时机具堆放及人员行走,加强模板保护。

箱梁混凝土分两次浇筑,第一次芯模只立内侧模,内侧模面板为15mm厚竹胶板,背肋采

用 5cm×10cm 方木,间距 30cm。内侧模采用钢管形成环形骨架用以支撑(图 11-35),钢管支架顺桥向间距 0.6m,步距 1.2m。

图 11-33　模板完成安装

图 11-34　监理工程师进行验收

图 11-35　环形骨架用以支撑

内侧模预先制作成组件,根据底板钢筋立杆直接进行拼装。为确保底板混凝土浇筑密实及防止内模上浮,内模的底模部分不安设,内模下倒角采用纵向钢管与扣接钢筋对内侧模进行反压(图 11-36)。

图 11-36　钢管与扣接钢筋对内侧模进行反压

内顶模钢管支架间距 1.2m×1.2m,步距 0.6m,箱室高度与宽度通过顶托丝杆调节。支架顶托上横桥向铺设 10cm×10cm 的方木主梁,主梁上铺设 5cm×10cm 间距小于 30cm 的方木纵梁,纵梁上铺设 15mm 厚竹胶板作为内顶模(图 11-37)。

图 11-37　内顶模

11.5.2　底模竹胶板+侧模钢模板

底模板采用 15mm 厚竹胶板,竹胶板之间采用贴双面胶连接(图 11-38)。

图 11-38　底模采用竹胶板

侧模采用钢模,单块钢模长度种类以三种为宜,设适当的调整段以适应不同梁长的施工。模板采用螺栓连接,内外两侧模板底角用钢丝绳和花篮螺栓进行连接,防止模板底口位移(图 11-39)。

模板安装到位后,应保持模板表面的干净,堆放钢筋等材料时应在模板上垫方木或帆布,防止产生污染(图 11-40)。

图 11-39　侧模采用钢模

图 11-40　清理模板

侧模、底模安装完成并经自检合格后由监理工程师进行验收（图 11-41），控制其面板平整度不大于 3mm，相邻板面错台小于 2mm。

内模面板采用 15mm 厚竹胶板，背采用 5cm×10cm 木方，方木间距按计算确定，内模支架采用 $\phi 48mm \times 3.0mm$ 钢管，钢管最大布置间距为 1.2m，步距为 60cm（图 11-42）。

在箱梁 1/4 跨和 3/4 跨顶板处分别设置人孔，以便于内模支架的拆除；人孔尺寸根据箱梁结构形式报设计确认（图 11-43）。

图 11-41　监理工程师验收

图 11-42　内模铺设方木

图 11-43　设置人孔

11.6 钢筋加工、安装

钢筋骨架严格按照设计图纸和供应钢筋的尺寸放大样精确加工,制作出标准件后再批量加工。加工好的半成品按规格以及编号分类堆放,做好上盖、下垫保护或存放于钢筋棚内(图11-44)。

在底模上按设计间距标识钢筋安装位置(图11-45),以便底板钢筋快速、准确安装。

图11-44 钢筋加工

图11-45 标识钢筋安装位置

腹板骨架筋采用间隔设置拉线后加密,重点控制骨架钢筋高程及保护层,保护层厚度控制在0.9~1.3倍设计值之内(图11-46)。

图11-46 铺设钢筋

明确钢筋骨架安装顺序,做好预应力管道与普通钢筋冲突时的调整方案,提高钢筋加工安装质量,加快钢筋安装进度(图11-47)。

连续箱梁在悬臂端施工缝处易出现裂缝,可在悬臂端施工缝纵桥向前后各2m范围内,将横向钢筋由单肢变成双肢,适当加密钢筋。

顶板横桥向预应力槽口(图11-48)及横向筋安装模板采用上下梳板,以便于拆装模板,钢筋位置、间距、保护层控制(图11-49);确保槽口混凝土的密实及后续张拉的质量和安全。

钢筋与模板之间设置与设计要求钢筋净保护层厚度相匹配的并与箱梁混凝土同强度等级、同色泽、呈梅花形的混凝土保护层垫块。混凝土保护层垫块设置原则:严格将混凝土保护层厚度控制在设计值的 0.9~1.3 倍。混凝土垫块与模板之间宜采用点或线接触,以减少面接触,不少于 5 个/m²,绑扎固定在距模板最外层钢筋上,垂直密贴模板,无破损。混凝土浇筑前执行标准化检查(表11-3)。

图 11-47　铺设钢筋

图 11-48　横向预应力槽口　　　　　　　　　图 11-49　保护层控制

马鞍山长江公路大桥建设项目现浇箱梁混凝土浇筑前保护层现场质量检验表　　表 11-3

承包单位＿＿＿＿　　监理单位＿＿＿＿　　合同号＿＿＿＿　　编号＿＿＿＿

工程名称			工程部位		施工时间	
桩号					检验时间	
项次	检查内容及要求		规定值或允许偏差	检验结果	检验频率和方法	备注
1	混凝土垫块构造及尺寸		强度 C50,17~43mm	25mm×30mm	按进场批次验收	与模板接触面积小
2	垫块位置		绑扎牢固在距模板最外层钢筋上,垂直密贴模板,无破损		目测:各部位抽查10处	
3	垫块数量		≥5 个/m²,间距均匀,呈梅花形布置		尺量:各部位抽查10处	
4	保护层净距（mm）	箱室底板	21~41(等宽段)	外膜:实测值;内模:实测值	尺量:抽查10处	备注距内外模
			23~43(变宽段)			
		腹板(含上下圆弧倒角)	21~41(等宽段)			备注距内外模
			23~43(变宽段)			
		翼缘板底板	17~37(等宽段)			
			19~39(变宽段)			
		内箱室顶板	21~41(等宽段)			
			23~43(变宽段)			
		顶板	17~37(等宽段)		水准仪或尺量:抽查10处	顶板标高带钢筋至顶板钢筋间距
			19~39(变宽段)			
记录			测量		工地主管	
承包人自检意见及签字:				监理检验意见及签字:		
签字　　年　月　日				签字　　年　月　日		

11.7　波纹管安装

通过定位钢筋确保波纹管定位准确。采用先穿法时,当预应力筋穿完后仔细测量波纹管最低缘与模板面板之间的净距,确保其满足设计要求。

在验收合格的钢筋上,按预应力设计曲线坐标采用粘贴双面胶预先完成孔道坐标定位,便于管道的快速、准确安装(图 11-50)。

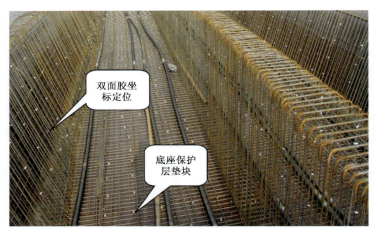

图 11-50　波纹管安装

波纹管采用 U 形钢筋固定在主梁钢筋上(图 11-51),直线段≤100cm 设一道,曲线段≤50cm 设一道。波纹管接头采用套接接长,套接管长度大于 50cm,并用胶带密封接口。波纹管安装后注意对其加以保护,在进行钢筋焊接作业时严禁出现打火击穿波纹管现象,有损坏时及时修复。

安装好的管道线形顺畅,无急弯或起伏不定的现象(图 11-52)。

图 11-51　波纹管采用 U 形钢筋固定

图 11-52　波纹管安装完成

11.8 钢绞线下料、穿束

钢绞线下料长度通过计算确定,按照设计图纸并考虑一定的工作长度。下料时采用砂轮切割机进行切割(图11-53)。下好料的钢绞线逐根按类整齐地堆放于工作台上,统一编号、挂牌,以备使用。

图11-53 钢绞线下料

使用固端锚具的钢绞线端头切割平齐,采用锚夹具厂家配套提供的液压挤压机将挤压套筒挤紧在钢绞线端头,挤压后预应力筋外端露出挤压套筒2~5mm(图11-54)。

图11-54 挤压套筒

挤压力应严格控制,试验室对挤压头进行抽样检查,以保证挤压头质量。

钢绞线通过人工逐根穿入(图11-55)安装好锚头及锚垫板的预应力管道中组成预应力束。逐根穿束仅允许前后拖动,不允许扭转,钢绞线端头采用塑胶套包裹(图11-56)。

对裸露在外的钢绞线进行包裹,防止水泥浆漏入波纹管或张拉端污染锈蚀,影响预应力束的张拉。

图 11-55 钢绞线采用人工穿入

图 11-56 钢绞线端头用塑胶套包裹

锚垫板牢固地安装在端模上,使垫板与孔道严格对中,无错位,并确保锚垫板与波纹管孔道中心线保持垂直(图 11-57)。

图 11-57 锚垫板与波纹管垂直

预应力束在穿索时,尽量多索一组,避免分组过多而增加钢索缠绕的概率。穿束完成后,在喇叭管内,P 锚后波纹管口用棉絮塞实(图 11-58),加胶带封固,同时完成锚垫板后螺旋筋和钢筋网片绑扎、安装。

图 11-58 波纹管口塞实棉絮

在预应力 P 端和最高点按规范设置压浆排气管（图 11-59）。

图 11-59　设置压浆排气管

完成护栏、伸缩缝、边墩防雷接地预埋钢筋，管箱托架、泄水管、接线盒、横梁张拉封锚预留孔等预埋件安装（图 11-60）。

图 11-60　设置预埋件

混凝土浇筑前对模板、钢筋、预应力体系、预埋件进行全面自检与监理工程师验收（图 11-61）。

图 11-61　监理工程师验收

11.9 混凝土浇筑

箱梁混凝土集料严格按照进场批次及频率进行检验与抽检,碎石清洗后进场,同时做好拌和场文明施工,避免集料二次污染(图11-62)。

图 11-62　原材料清洗后进场

箱梁混凝土分两次浇筑成型,分次浇筑高度控制原则:便于混凝土浇筑及内顶模板安装(一般为内腹板八字高度附近)。外模设置纵向水平施工缝限位木条(图11-63),木条厚度同混凝土保护层厚度,作为第一次混凝土浇筑标高控制带。

两次混凝土接缝处加强支架与背肋支撑(图11-64)。

图 11-63　设置限位木条　　　　　　　图 11-64　背肋支撑

混凝土浇筑前采用高压水对模板进行冲洗,人工辅助细致清洁,并确保模板表面、接缝处混凝土不得有积水,污水及杂物通过底模板的最低处设置的活动模板排出(图11-65)。

控制混凝土入模温度,入模最高温度不宜超过28℃,防止混凝土内外温差过大而产生裂缝。第一次混凝土浇筑:采用纵向分段、水平分层、先腹板后底板进行浇筑。腹板混凝土分层浇筑厚度不大于30cm,两腹板混凝土面高差控制在50cm以内,底板混凝土由腹板流入(图11-66)。

采用插入式振捣棒振捣(图11-67),间距不超过振捣棒作用半径的1.5倍,并插入下层混凝土5~10cm,与模板保持5~10cm距离(斜腹板人工插杆辅助),振捣棒避免碰撞模板、钢筋及其他预埋件。混凝土振捣遵循"先外后内、快插慢拔"的原则,振捣密实的标志是混凝土停止下沉,不冒气泡,表面平坦泛浆。

图 11-65 模板清洗

 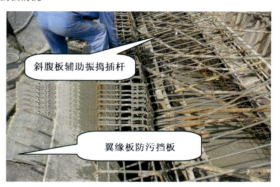

图 11-66 混凝土浇筑　　　　　　　　图 11-67 混凝土振捣

因底板设置双层钢筋,波纹管夹在两层钢筋之间,波纹管与底板之间的底层钢筋容易振捣不到位,会造成波纹管下存在水泥浆,易出现裂缝。底板振捣时,应加强混凝土箱梁波纹管下的振捣及操作人员的施工质量意识。

当底板与腹板交接处混凝土振捣完成后,浇筑腹板混凝土时,此交接部位不得再进行振捣,以免腹板混凝土下沉出现空洞。

第一次浇筑混凝土高度略高出水平限位木条 1cm 左右,保证两次浇筑接缝线性顺直。待混凝土强度达到 2.5MPa 时,完成钢筋梳理、表面水泥浆敲除,对结合部位混凝土表面完成凿毛、冲洗(图 11-68)。

顶板混凝土标高采用圆钢定位法进行控制:在顶板纵桥向间距 2m,横桥向间距 3~4m 用短钢筋在顶板钢筋焊接"凹"状标高筋,其上安放直径≥ϕ22 圆钢形成标高带,圆钢随混凝土浇筑作业推进,及时拆除重复利用(图 11-69)。

图 11-68 混凝土凿毛　　　　　　图 11-69 采月圆钢定位法控制顶板混凝土标高

两次混凝土浇筑时间间隔≤7天。顶板混凝土采用水平一次性浇筑成型,采用插入式振捣棒时按梅花形分区均匀振捣密实。人工拖曳放置于顶面板标高带上的振捣梁,完成混凝土粗平(图11-70)。

采用2m铝合金刮尺进行人工粗平(图11-71),再由两人采用4m铝合金刮尺放置于标高带,横桥向来回磋磨,行进速度10cm/3~5次(磋磨次数),最后人工一字排开采用铁抹进行精平。

图11-70 顶板浇筑　　　　　　　　　　图11-71 顶板采用刮尺粗平

待混凝土将要初凝时,采用小型电动磨面机精光抹面,保证桥面平整度偏差控制在±7mm以内,收浆整平后完成桥面拉毛,深度控制在1~2mm(图11-72)。

图11-72 抹面收浆

11.10 混凝土养护

第一次浇筑的混凝土强度达到2.5MPa以上时,进行内侧模板、支架拆除及箱室清理。专人及时洒水养生(图11-73),确保混凝土表面湿润并喷洒养护液。

顶板混凝土收浆、拉毛后由专人采用土工布及时全方位覆盖洒水养护,湿润养生时间≥28天。覆盖时不得损伤或污染混凝土的表面(图11-74)。

图 11-73　洒水养生

图 11-74　覆盖洒水养护

冬季顶板混凝土浇筑完毕后,在箱梁顶面先覆盖一层塑料薄膜,然后再覆盖双层土工布及彩条布进行保温养护(图 11-75)。箱梁侧面和横断面采防雨帆布或彩条布进行覆盖(图 11-76),箱室内箱梁内部则可以采用蒸汽+碘钨灯的养护方式加温保湿养护,现场按养护要求建立养护台账,防止发生冻害。

图 11-75　保温养护

夏季箱梁顶面可采取土工布覆盖+不间断洒水的方式养护,侧面采取不间断洒水的方式养护,箱梁内可采取蓄水的方式养护(图 11-77)。

图 11-76　侧面和横断面采用防雨帆布进行覆盖

图 11-77　箱梁蓄水养护

11.11 预应力张拉

当梁体混凝土强度和弹性模量经检测达到设计规定的90%,龄期≥7天,方可进行预应力筋张拉。预应力张拉顺序:腹板束、顶板束、底板束;先长束,后短束;先纵桥向,后横桥向;从外到内左右对称进行。待该节段纵向筋张拉后再张拉横梁处预应力筋,最后张拉顶板横桥向束(图11-78)。

张拉用机具设备由专人使用和管理,并定期校验,千斤顶与油表必须配套校验和使用。

张拉时现场技术负责人及监理工程师必须全过程旁站,对预应力钢束伸长量实测数据进行详细记录。

张拉结束检查夹片外露部分应平齐,开缝均匀,并确认伸长、滑丝等合格后,方能进行锚固(图11-79)。

图11-78 预应力张拉　　　　　　　　　图11-79 预应力张拉完成

张拉锚固后,用砂轮机在离锚头夹片3~5cm处完成多余钢绞线切割。同时采用水泥砂浆封死钢绞线与锚具间的缝隙,锚垫板上连接压浆嘴,做好压浆准备(图11-80)。

图11-80 砂轮机切割多余钢绞线及封锚

张拉时出现伸长量超标、滑丝、断丝等异常情况时,必须停止张拉,待查明原因后再进行张拉。

11.12 孔道压浆

张拉完成后48h内完成孔道压浆(图11-81),水泥浆配合比由试验室提供并由试验人员现场监控,现场技术负责人、监理工程师全过程旁站。拌和时间不少于2min,要求拌和均匀,稠度控制在14~18s之间。

图11-81 孔道压浆

先压注下层管道,压浆时的最大压力控制在0.5~0.7MPa,待排气孔排出与规定稠度相同的水泥浆为止,关闭出浆口后,应保持不小于0.6MPa的一个稳玉期,稳压期不小于2min,在无漏水、漏浆时关闭进浆阀(图11-82)。

图11-82 设置污水排除孔

压浆过程中对水泥浆应连续搅拌,自拌制至压入孔道的时间控制在30~45min内。

11.13 封锚、封孔

及时完成箱室内垃圾清理,端横梁伸缩缝预埋钢筋涂刷防锈水泥浆(图11-83)。
凿除锚头封堵砂浆,对预应力槽口、人孔梁端混凝土凿毛,完成预留钢筋接长(图11-84)。

箱室内垃圾清理堆放

伸缩缝外露钢筋防锈

图 11-83　垃圾清理

图 11-84　预留钢筋接长

灌注同强度等级混凝土,完成预应力筋槽口封锚、临时人孔封孔(图 11-85)。

图 11-85　封锚、封孔

完成两跨施工缝处混凝土凿毛,预应力接长,进行下跨施工(图 11-86)。

图 11-86　接头凿毛

11.14　模板、支架拆除

箱梁模板、支架拆除遵循"先支后拆,后支先拆"原则,拆除的模板、支架要及时清理、堆放整齐(图11-87)。

顶板横桥向外露钢筋涂刷防锈水泥浆,翼缘板下粘贴双面胶,做好翼缘板底板、腹板防污措施(图11-88)。

图11-87　箱梁模板、支架拆除

翼缘板粘贴双面胶,做好翼缘板防污

图11-88　做好翼缘板底板、腹板防污措施

11.15　成品验收

拆模后及时组织监理工程师对箱梁进行验收,观察箱梁浇筑面是否平顺、有光泽。并按检验评定标准检查项目,实测保护层厚度、顶面标高、断面几何尺寸、表面平整度等是否满足设计要求,及时进行评定(图11-89)。

图11-89　成品验收

12　试验检测标准化

12.1 总体要求

12.1.1 试验室建设

工地试验室应相对独立,具有良好的试验、办公环境。试验室应满足坚固、封闭、安全的需要,并具备 2.4m 以上的净空,室内通风、采光好(图 12-1)。

功能不同的试验室应分隔开,试验功能区应划分为土工室、集料室、力学室、水泥室、水泥混凝土室、化学分析室、结构检测室、来样室、留样室、标养室(图 12-2)。

图 12-1 试验室

图 12-2 试验室功能分区

试验室应具有独立的办公区(图 12-3)。

工地试验室应配备灭火器及砂池等相应的消防器材和设施(图 12-4)。

图 12-3 独立办公区

图 12-4 试验室消防器材设置

试验室应具有独立的档案资料室(图 12-5)。

档案资料室应配备档案柜及相应的防潮、防火等设备(图 12-6)。

工地试验室应面积达标(表12-1)、布局合理、功能齐全(图12-7)。

图 12-5 独立档案室

图 12-6 档案室内部

图 12-7 工地试验室

马鞍山长江公路大桥试验室使用面积规定 表 12-1

试验室名称	试验功能区划分	使用面积
总监办中心试验室	土工室、集料室、力学室、水泥室、水泥混凝土室、结构检测室、化学分析室、来样室、留样室、标养室	≥215m²
驻地监理试验室	土工室、集料室、力学室、水泥室、水泥混凝土室、化学分析室、来样室、留样室、标养室	≥195m²
承包人试验室	土工室、材料室、力学室、水泥室、水泥混凝土室、化学分析室、留样室、标养室	≥215m²
备注	表中使用面积不包括试验人员办公室和档案资料室面积,总监办和承包人标养室面积至少为20m²,驻地监理标养室至少为15m²。	

12.1.2 组织机构、操作流程、规章制度上墙

工地试验室应建立完善的组织管理机构(图12-8)和管理制度,各类规章制度、操作规程应上墙。其主要包括试验室管理制度,试验检测人员岗位制度,试验室安全管理制度,仪器设备管理制度,试验检测报告的审核、签发制度,试验检测样品、资料、档案管理制度等(图12-9)。

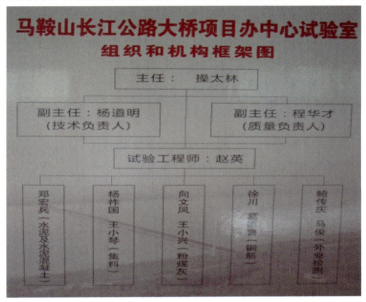

图 12-8 组织机构图

图 12-9

图 12-9　工地试验室各项管理制度

工地试验室应建立完善的试验检测流程（图 12-10）。

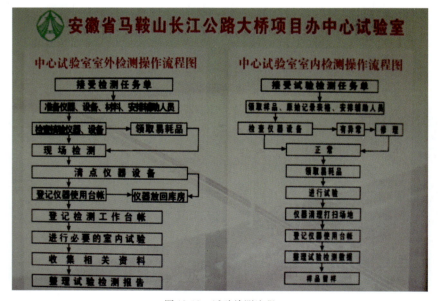

图 12-10　试验检测流程

12.1.3　其他相关布置要求

试验室应远离振动源，试验工作台砌筑牢固，仪器设备摆放位置合理、整齐（图 12-11）。水泥室应安装功能齐全的空调及温湿度计，以满足温湿度要求（图 12-12）。

图 12-11　试验工作台

图 12-12　水泥室

标准化养护室应配备温度、湿度控制系统(图 12-13)。

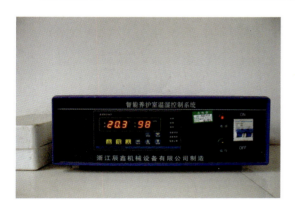

图 12-13　标准化养护室

标准化养护室加湿设备应带喷雾装置,以达到对试件全面的养护(图 12-14)。

图 12-14　标准化养护室喷雾装置

应分别建立来样室与留样室(图 12-15)。

留样室应做好封存、标识及善后清样工作(图 12-16)。

工地试验室应配置齐全现行有效的试验检测标准、规范、规程等技术文件(图 12-17),并处于受控状态(表 12-2)。

图 12-15　来样室及留样室

图 12-16　留样室样品存放

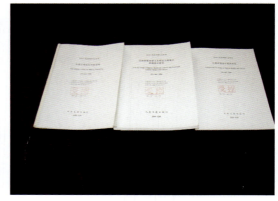

图 12-17　技术规范、规程、标准文件

马鞍山长江公路大桥试验室试验检测技术文件配置　　表 12-2

序号	编号	名称
1	JTG B01—2003	公路工程技术标准
2	JTG D63—2007	公路桥涵地基与基础设计规范
3	JGJ/T 70—2009	建筑砂浆基本性能试验方法标准
4	JGJ/T 27—2001	钢筋焊接接头试验方法标准
5	JGJ 79—2002	建筑地基处理技术规范
6	GB/T 12573—2008	水泥取样方法
7	GB/T 1345—2005	水泥细度检验方法（筛析法）
8	GB/T 17671—1999	水泥胶砂强度检验方法（ISO法）
9	GB/T 238—2002	金属材料 线材 反复弯曲试验方法
10	GB 13693—2005	道路硅酸盐水泥
11	GB/T 19496—2004	钻芯检测离心高强混凝土抗压强度试验方法
12	GB/T 50107—2010	混凝土强度检验评定标准
13	GBJ 146—1990	粉煤灰混凝土应用技术规范
14	GB 50119—2003	混凝土外加剂应用技术规范
15	GB 50164—2011	混凝土质量控制标准
16	GB/T 701—2008	低碳钢热轧圆盘条
17	GB 13788—2008	冷轧带肋钢筋
18	GB/T 8077—2000	混凝土外加剂匀质性试验方法
19	JT/T 529—2004	预应力混凝土桥梁用塑料波纹管
20	JT/T 520—2004	公路工程土工合成材料 短纤针刺非织造土工布
21	JT/T 4—2004	公路桥梁板式橡胶支座
22	GB/T 5224—2003	预应力混凝土用钢绞线
23	GB/T 8074—2008	水泥比表面积测定方法——勃氏法
24	JT/T 391—2009	公路桥梁盆式支座
25	GB/T 17955—2009	桥梁球型支座
26	GB/T 50017—2003	钢结构设计规范
27	GB/T 50205—2001	钢结构工程施工质量验收规范
28	JGJ 114—2003	钢筋焊接网混凝土结构技术规程
29	GB/T 8077—2000	混凝土外加剂匀质性试验方法
30	CECS 21:2000	超声法检测混凝土缺陷技术规程
31	GB 50007—2011	建筑地基基础设计规范
32	JTG H20—2007	公路技术状况评定标准
33	GB/T 3323—2005	金属熔化焊接接头射线照相
34	JC/T 975—2005	道桥用防水涂料
35	GB/T 10120—1996	金属应力松弛试验方法

续上表

序号	编号	名称
36	GB/T 50315—2011	砌体工程现场检测技术标准
37	JGJ 18—2012	钢筋焊接及验收规程
38	CECS 03:2007	钻芯法检测混凝土强度技术规程
39	GB/T 8075—2005	混凝土外加剂定义、分类、命名与术语
40	GB/T 14684—2011	建筑用砂
41	GB/T 14685—2011	建筑用卵石、碎石
42	JGJ/T 136—2001	贯入法检测砌筑砂浆抗压强度技术规程
43	GB/T 11836—2009	混凝土和钢筋混凝土排水管
44	GB 50203—2011	砌体结构工程施工质量验收规范
45	JGJ/T 10—2011	混凝土泵送施工技术规程
46	GB/T 50080—2002	普通混凝土拌和物性能试验方法
47	JTG/T D65-01—2007	公路斜拉桥设计细则
48	GB/T 11345—1989	钢焊缝手工超声波探伤方法和探伤结果分级
49	JTG E60—2008	公路路基路面现场测试规程
50	GB/T 15822—2005	无损检测磁粉检测
51	JB/T 10061—1999	A型脉冲反射式超声探伤仪技术规范
52	JTG E51—2009	公路工程无机结合料稳定材料试验规程
53	JTJ 056—1984	公路工程水质分析操作规程
54	JTG E20—2001	公路工程沥青及沥青混合料试验规程
55	JTG E60—2008	公路路基路面现场测试规程
56	GB 50086—2001	锚杆喷射混凝土支护技术规范
57	GB/T 50123—1999(2008)	土工试验方法标准
58	JGJ 107—2010	钢筋机械连接技术规程
59	JGJ 18—2012	钢筋焊接及验收规程
60	JG 163—2004	滚轧直螺纹钢筋连接接头
61	GB 1499.1—2008	钢筋混凝土用钢 第1部分:热轧光圆钢筋
62	GB 1499.2—2007	钢筋混凝土用钢 第2部分:热轧带肋钢筋
63	GB 8076—2008	混凝土外加剂
64	GB/T 14370—2007	预应力筋用锚具、夹具和连接器
65	GB/T 1346—2001	水泥标准稠度用水量、凝结时间、安定性检验方法
66	JTG E50—2006	公路工程土工合成材料试验规程
67	JTG E41—2005	公路工程岩石试验规程
68	JTG E30—2005	公路工程水泥及水泥混凝土试验规程
69	JTG E40—2007	公路土工试验规程
70	JTG E42—2005	公路工程集料试验规程

续上表

序号	编号	名称
71	JTG F80/1—2004	公路工程质量检验评定标准
72	JT/T 531～538、589—2004	路桥用材料标准九项
73	JT/T 513～521—2004	公路工程土工合成材料等九项
74	GB/T 5224—2003	预应力混凝土用钢绞线
75	JTG/T F81-01—2004	公路工程基桩动测技术规程
76	JTG F40—2004	公路沥青路面施工技术规范
77	JTG F10—2006	公路路基施工技术规范
78	JTG/T F50—2011	公路桥涵施工技术规范
79	JTG F60—2009	公路隧道施工技术规范
80	JTJ 034—2000	公路路面基层施工技术规范
81	JT/T 4—2004	公路桥梁板式橡胶支座
82	GB/T 230.1—2009	金属材料 洛式硬度试验 第1部分:试验方法
83	GB 18173.1—2012	高分子防水材料第1部分:片材
84	GB 12952—2003	聚氯乙烯防水卷材
85	GB 12953—2003	氯化聚乙烯防水卷材
86	JC/T 684—1997	氯化聚乙烯—橡胶共混防水卷材
87	GB/T 17643—2011	土工合成材料 聚乙烯土工膜
88	GB/T 17688—1999	土工合成材料 聚氯乙烯土工膜
89	JGJ 106—2003	建筑基桩检测技术规范
90	GB/T 50081—2002	普通混凝土力学性能试验方法标准
91	JGJ/T 98—2010	砌筑砂浆配合比设计规程
92	JGJ 55—2011	普通混凝土配合比设计规程
93	JGJ/T 23—2011	回弹法检测混凝土抗压强度技术规程
94	GB/T 50080—2002	普通混凝土拌和物性能试验方法标准
95	GB 175—2007	通用硅酸盐水泥
96	GB/T 176—2008	水泥化学分析方法
97	GB/T 1499.3—2010	钢筋混凝土用钢筋 第3部分:钢筋焊接网
98	GB/T 232—2010	金属材料 弯曲试验方法
99	GB/T 228—2002	金属材料 拉伸试验
100	GB/T 2419—2005	水泥胶砂流动度测定方法
101	GB/T 5223—2002	预应力混凝土用钢丝
102	GB/T 1596—2005	用于水泥和混凝土中的粉煤灰
103	JT/T 327—2004	公路桥梁伸缩装置
备注	各个试验室根据实际情况配备试验标准	

12.1.4　试验检测专用车辆

工地试验室应配备专用交通车辆（图12-18），以满足日常试验检测工作需要。

图 12-18　专用交通车辆

12.2　资质及授权

12.2.1　母体资质要求

工地试验室应由取得公路工程乙级及乙级以上试验检测机构合格证书的母体试验检测机构设立，并通过计量认证（图12-19）。

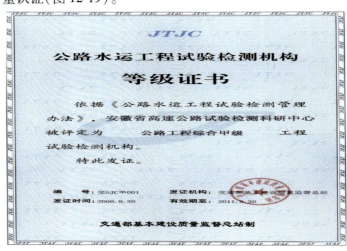

图　12-19

机构名称	安徽省高速公路试验检测科研中心		
机构地址	合肥市金寨南路18号		
邮　　编	230601	联系电话	0551-3830026
机构性质	企业法人	法定代表人	胡钢
机构行政、技术和质量负责人			
姓名	职务	职称	试验检测证书编号
胡　钢	主任兼技术负责人	高工	皖交（工）检证字B-056
操太林	副主任	高工	皖交（工）检证字B-131
梁昌宝	质量负责人	工程师	皖交（工）检证字A-001
——	——	——	——
等级类型	公路工程综合甲级		
证书编号	交GJC甲001	发证时间	2006.9.30
证书有效期	2011.9.30	发证机构	交通部基本建设质量监督总站

试验检测项目及参数

一、土
筛分、颗粒分析、液限塑限、最大干密度、最佳含水量、CBR、粗粒土最大干密度、回弹模量、凝聚力、内摩擦角、自由膨胀率、无侧限抗压强度、易溶盐总量、有机质含量
二、集料
颗粒级配、压碎值、粗集料磨耗值、粗集料磨光值、集料冲击值、粗集料针片状颗粒含量、细集料砂当量、粗细集料含泥量、泥块含量、坚固性、粗细集料密度、吸水率、集料棱角性、集料碱活性、含水率、有机物质含量、亚甲蓝试验、亲水系数、塑性指数、加热安定性
三、石料
单轴压强度、抗冻性
四、水泥
凝结时间、安定性、胶砂强度、细度、胶砂流动度、比表面积、标准稠度用水量、密度
五、水泥砼、砂浆、外加剂
抗压强度、抗折强度、抗压弹性模量、配合比设计、坍落度、含气量、凝结时间、抗渗性、劈裂抗拉强度、抗折弹性模量、干缩性、抗磨性、抗冻性、减水率、泌水率、钢筋锈蚀、细度、氯离子含量、安定性、透水压力比、吸水量比、渗透高度比、限制膨胀率
六、无机结合料稳定材料
无侧限抗压强度、水泥或石灰剂量、配合比设计、石灰有效钙镁含量、粉煤灰细度、粉煤灰烧失量、粉煤灰比表面积、击实试验、粉煤灰含水量、粉煤灰需水量、粉煤灰SO3含量
七、沥青
针入度、延度、软化点、闪点、燃点、蜡含量、粘附性、动力粘度、运动粘度、薄膜加热质量损失、改性沥青弹性恢复、改性沥青离析、乳化沥青破乳速度、乳化沥青粒子电荷、乳化沥青筛上残留物、恩格拉粘度、道路标准粘度、蒸发残留物含量、密度、溶解度、脆点、含水量、储存稳定性
八、沥青混合料
马歇尔稳定度、沥青含量、动稳定度、配合比设计、最大理论密度、SMA粗集料骨架间隙率、析漏损失、飞散损失、冻融劈裂强度比、低温最大弯拉应变、马歇尔击实、矿料级配
九、钢筋
抗拉强度、屈服强度、伸长率、冷弯
十、预应力钢绞线
拉伸试验（最大力、规定非比例延伸率、最大力总伸长率）、弹性模量、松驰率、疲劳试验
十一、土工合成材料
拉伸强度、延伸率、撕裂强度、顶破强度、厚度、单位面积质量、渗透系数

试验检测项目及参数

十二、道路工程
压实度、路面厚度、平整度、弯沉、路面构造深度、摩擦系数、土基回弹模量、路面渗水系数、路面破损及车辙
十三、结构混凝土
强度、混凝土碳化深度、钢筋位置及保护层厚度、表观及内部缺陷、钢筋锈蚀状况（钢筋锈蚀电位或极化电流、氯离子含量、混凝土电阻率）
十四、地基基础
地基承载力、地表沉降、深层水平位移、特殊地基处理性能
十五、桩基
完整性、承载力
十六、桥梁隧道结构及构件
应变（应力）、变形、位移、自振特性参数（加速度、速度、振幅、振动频率）、承载力评价、隧道断面检测
十七、锚具
静载锚固性能（锚固效率系数、总应变）、洛氏硬度、周期荷载试验、疲劳试验、辅助试验（内缩量、摩擦阻损失）
十八、橡胶支座
抗压弹性模量、抗剪弹性模量、极限抗压强度、抗剪粘结性能、抗剪老化
十九、公路线形及几何尺寸
道路线形、桥梁线形、几何尺寸
二十、交通安全设施（含机电系统土建）
外观及几何尺寸、反光标志逆反射系数、反光标线逆反射系数、标线涂层厚度、标线抗滑性能、突起路标发光强度系数、色度性能（表面色）、金属构件防腐层性能、立柱（支撑）竖直度、拼接螺栓抗拉荷载、反光膜抗拉荷载、反光膜附着性能、玻璃珠含量、涂料抗压强度、涂料耐磨耗性能、突起路标抗压荷载、突起路标抗冲击性能、设备基础砼强度、通信管道内壁摩擦系数试验、通信管道拉伸试验
二十一、水质分析
氯离子含量、硫酸根、钙离子、PH值、总固体

交通部基本建设质量监督总站

发证机构（印章）

2006年9月30日

资质认定

计量认证证书

证书编号：2009120553R

名称：安徽省高速公路试验检测科研中心

地址：合肥市金寨路18号

经审查，你机构已具备国家有关法律、行政法规规定的基本条件和能力，现予批准，可以向社会出具具有证明作用的数据和结果，特发此证。

检测能力见证书附表。

准许使用徽标

CMA

发证日期：2009年06月22日

有效期至：2012年06月21日

发证机关：

本证书由国家认证认可监督管理委员会制定，在中华人民共和国境内有效

图12-19　资质证书

12.2.2 授权与监管

母体试验检测机构应向工地试验室下发授权委托书（图 12-20），确定工地试验室授权负责人（图 12-21）；母体试验检测机构应根据工地条件，授权试验检测项目及参数，工地试验室从事的检测项目和参数不得超出《等级证书》核定的业务范围。

图 12-20 授权委托书

图 12-21 负责人授权书

母体试验检测机构应对工地试验室的试验检测活动实施有效的监管，并保存监管记录（图12-22）。

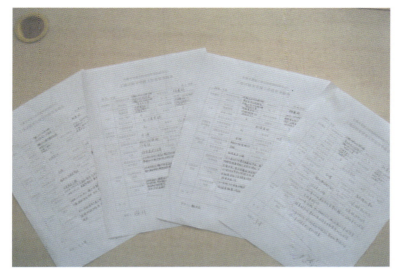

图12-22　试验监管记录

12.2.3　委托试验

施工、监理、业主单位内部不具备试验检测能力的，可委托第三方试验检测机构设立工地试验室（图12-23）。外委试验前，将受托的试验检测机构资质材料及所需送检项目清单，报监理单位审核、批准。第三方试验检测机构必须具备相应的公路工程乙级及乙级以上或专项类等级资质。

合同编号：10 2013

试 验 委 托 协 议 书

项目名称：马鞍山长江公路大桥MQ-09合同段项目经理部

委托方（甲）：中铁大桥局马鞍山长江公路大桥MQ-09合同段项目经理部

实施方（乙）：江苏省交通科学研究院股份有限公司

签订地点：南 京

签订日期：2010年4月1日

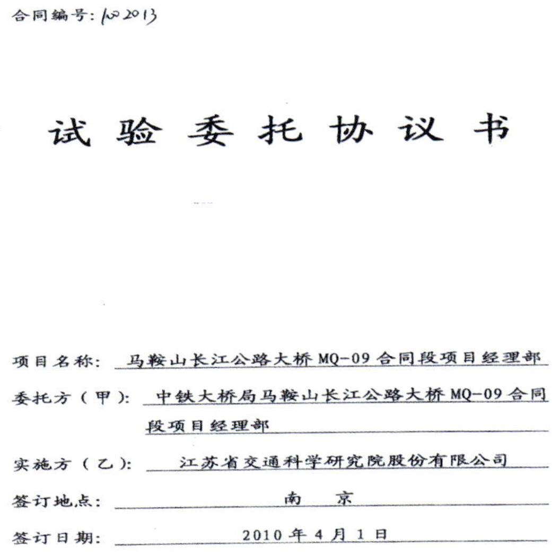

图12-23　试验委托协议书

12.3 仪器设备

12.3.1 试验检测能力要求

工地试验室应具备基本试验检测能力(图12-24),所开展的试验检测项目必须符合《马鞍山长江公路大桥试验室基本试验检测能力规定》(表12-3)的要求。

图12-24 满足相关要求的试验仪器及室内环境

马鞍山长江公路大桥试验室基本试验检测能力规定　　　表12-3

序号	试验检测项目名称	总监办中心试验室	驻地监理试验室	承包人试验室	备注
集料试验					
1	粗、细集料筛分	√	√	√	
2	压碎值	√	√	√	
3	密度、含水率、吸水率	√	√	√	
4	针、片状	√	√	√	
5	粗、细集料含泥量、泥块含量	√	√	√	
6	粗集料软弱颗粒	√	√	√	
石料					
1	岩石抗压强度	√	√	√	驻地监理和承包人试验室可外委试验
粉煤灰					
1	细度试验	√	√	√	
2	烧失量	√	√	√	
3	需水量比	√	√	√	

续上表

序号	试验检测项目名称	总监办中心试验室	驻地监理试验室	承包人试验室	备注
粉煤灰					
4	化学分析	√	√	√	
5	安定性	√	√	√	
6	含水率	√	√	√	
土工试验					
1	颗粒分析	√	√	√	
2	含水率	√	√	√	
3	液塑限试验	√	√	√	
4	密度	√	√	√	
5	击实	√	√	√	
6	室内 CBR	√	√	√	
水泥试验					
1	水泥细度试验	√	√	√	选做项目
2	水泥安定性试验	√	√	√	
3	水泥凝结时间试验	√	√	√	
4	水泥标准稠度试验	√	√	√	
5	水泥胶砂强度试验	√	√	√	
6	比表面积(勃氏法)	√	√	√	
7	水泥密度	√	√	√	
外加剂					
1	减水率	√	√	√	可外委
2	泌水率	√	√	√	可外委
3	抗压强度比	√	√	√	可外委
4	凝结时间差	√	√	√	可外委
5	钢筋锈蚀	√	√	√	可外委
水泥混凝土常规试验					
1	稠度试验	√	√	√	
2	抗压强度(比)试验	√	√	√	
3	水泥混凝土配合比设计	√	√	√	
4	水泥混凝土抗渗性	√	√	√	
砂浆(净浆)、泥浆常规试验					
1	水泥砂浆配合比设计	√	√	√	
2	砂浆强度试验	√	√	√	
3	砂浆分层度试验	√	√	√	
4	砂浆(净浆)稠度试验	√	√	√	
5	泥浆各种性能	√	√	√	

续上表

序号	试验检测项目名称	总监办中心试验室	驻地监理试验室	承包人试验室	备注
	砂浆(净浆)、泥浆常规试验				
6	后张法灌浆(稠度、泌水率、膨胀率、抗压强度)	√	√	√	
	桥涵砌体常规检测				
1	钢筋位置及保护层厚度	√	√	√	
2	外观、几何尺寸	√	√	√	
3	平整度、竖直度	√	√	√	
4	混凝土回弹检测	√	√	√	
5	地基承载力	√	√	√	重型贯入试验设备,驻地监理试验室可不配
6	混凝土强度(取芯)	√	√	√	可外委
7	表观及内部缺陷(表观、裂缝状况、混凝土试件标准养生)	√	√	√	可外委
	砌石工程				
1	石料抗压强度	√	√	√	
2	表面平整度	√	√	√	
	钢材物理力学性能及机械连接、焊接试验				
1	热轧光圆筋拉伸、弯曲伸长率试验	√	√	√	
2	热轧带肋钢筋拉抻、弯曲伸长率试验	√	√	√	特殊钢材可外委试验
3	钢筋机械连接、焊接拉伸、弯曲试验	√	√	√	
	钢结构检测(含索缆)				
1	线形、几何尺寸	√	√	√	
2	索力测量	—	—	—	可外委
3	钢结构(含索)防护涂装检测	—	—	—	可外委
4	钢结构无损探伤	—	—	—	可外委
	预应力锚夹具试验检测项目				
1	静载锚固试验、洛氏硬度试验、探伤	√	√	√	可外委
2	基桩完整性试验	—	—	√	可外委

注:1. 表中标"√"为必须开展的项目;标"—"为选择的项目,不作要求。
2. 本表所列试验检测项目系基本要求,各试验室可根据工程实际情况增添项目。
3. 表中试验检测项目若超出母体试验检测机构《等级证书》核定业务范围,可外委试验。

钢筋保护层测定仪是大桥项目办要求四级试验室必配的仪器（图 12-25）。通过每周的钢筋保护层检测周报制度以及相应施工措施、奖罚制度，确保了大桥全线钢筋保护层合格率平均值在 90% 以上，明显高于国内平均水平，在混凝土耐久性及通病防治工作中取得了一些成功的经验。

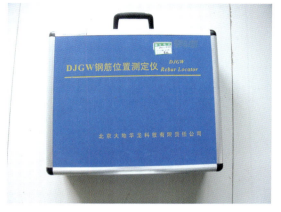 

图 12-25　钢筋保护层测定

12.3.2　试验检测仪器设备规定

根据试验检测项目配置试验室仪器设备，试验仪器设备应满足招标文件及工程实际需要（表 12-4）。

马鞍山长江公路大桥试验室仪器设备规定　　　　　表 12-4

编号	类别	设备名称、规格	精度	量程	性能状况	检定单位
1	土工类	土标准筛（φ300mm）一套		0.075～60mm	良好	
2		电动击实仪（含大、小击实筒各1个）			良好	
3		液塑限联合测定仪	0.1m	0～50mm	良好	
4		CBR试验仪（含9个CBR筒）	0.01m	0～50kN	良好	
5		石灰土无侧限压力仪	0.01m	0～50kN	良好	
6		自由膨胀率仪			良好	
7		钙镁含量测定仪			良好	
8		手动重型击实仪（含大、小击实筒各2个）			良好	
9		密度计			良好	
10		环刀			良好	
11		灌砂筒			良好	
12	集料类	方孔集料标准筛（φ300mm）一套			良好	
13		集料压碎值仪			良好	
14		静水天平	0.05g		良好	
15		针片状规准仪			良好	

续上表

编号	类别	设备名称、规格	精度	量程	性能状况	检定单位
16	水泥及水泥混凝土类	负压筛析仪	500Pa	0~10 000Pa	良好	
17		沸煮箱			良好	
18		雷式夹膨胀仪	0.5mm	±25mm	良好	
19		水泥净浆搅拌机			良好	
20		水泥胶砂搅拌机			良好	
21		水泥胶砂振实台			良好	
22		混凝土标准养护箱	0.1℃,1%RH	0~50℃,>90%RH	良好	
23		胶砂强度抗折试验机	I级	5 000N	良好	
24		维勃稠度仪	1s		良好	
25		比表面积测定仪			良好	
26		李氏瓶			良好	
27		水泥砂浆分层度仪	0.1cm		良好	
28		强制式混凝土搅拌机			良好	
29		水泥砂浆稠度仪	1mm		良好	
30		水泥浆泌水膨胀率仪			良好	
31		水泥混凝土振动台			良好	
32		水泥混凝土抗压试模(15cm×15cm×15cm)			良好	
33		水泥砂浆试模(7.07cm×7.07cm×7.07cm)			良好	
34		水泥胶砂三联试模			良好	
35		混凝土抗渗仪(含6个抗渗试模)	0.1MPa	0~4MPa	良好	
36		标准法维卡仪	1mm	0~70mm	良好	
37		柜式空调			良好	
38		壁式空调			良好	
39		温湿控制系统(标养室)	0.1℃,1%RH		良好	
40		温湿度计	0.1℃,1%RH		良好	
41		坍落度筒	5mm		良好	
42		容积桶(一套)	1L	50L	良好	
43	外业检测类	回弹仪钢砧			良好	
44		ZC3-A型回弹仪	2MPa	10~100MPa	良好	
45		裂缝宽度测定仪			良好	
46		静动力触探仪	1kPa		良好	
47		重型标准贯入仪			良好	
48		多功能取芯机			良好	
49		泥浆黏度计			良好	
50		泥浆含砂率计			良好	
51		泥浆比重计	0.01g/cm³	0.96~3g/cm³	良好	

续上表

编号	类别	设备名称、规格	精度	量程	性能状况	检定单位
52	外业检测类	钢筋定位仪		1~100MPa	良好	
53		碳化深度仪(凿子)			良好	
54		50m(5m、3m)钢卷尺	1mm	50m	良好	
55		3m 直尺(含塞尺)		3m	良好	
56		金属超声波探伤仪		0.5~15MHz	良好	
57		超声涂层厚度仪			良好	
58		超声无损检测仪			良好	
59		桩基动测仪			良好	
60		便携式里氏硬度计			良好	
61		X 射线机			良好	
62		磁粉探伤仪		0~2mm	良好	
63	通用类	恒温电热鼓风干燥箱(800cm×800cm×100cm)	1℃	10~300℃	良好	
64		电子天平(感量1g)	5g	0~20kg	良好	
65		电子天平(感量0.01g)	0.01g	0~2 000g	良好	
66		电子天平(感量0.001g)	0.001g	0~200g	良好	
67		AGT-10型案秤	5g	10kg	良好	
68		TGT-100 台秤	50g	0~100kg	良好	
69		TYA-2000型压力试验机	1级	0~2 000kN	良好	
70		WE-1000B型万能试验机(含夹具及冷弯冲头)	1级	0~1 000kN	良好	
71		干燥器(150cm)			良好	
72		YES-300型压力试验机	1级	0~300kN	良好	
73		电热蒸馏水器			良好	
74		标距仪			良好	
75		多功能脱模器			良好	
76		数显式游标卡尺			良好	
77		流动度跳桌			良好	
78		高温炉			良好	
79		摇筛机			良好	
80		切石机(钻石机、磨石机)			良好	

注:各级工地试验室可根据试验检测项目配备相应的试验检测仪器设备并满足相应精度、量程。

12.3.3 仪器设备的管理

试验仪器设备在开工前必须由市级及以上法定计量部门标定和试验室自校,并获得合格的检定证书,以后应在标定的有效期内进行标定和自校,标定和自校合格后,应在仪器设备明显且合理处张贴仪器设备合格证(张贴合格证时,过时合格证应剔除),并建立仪器设备使用、维修档案或台账(图12-26~图12-28)。

图12-26　仪器设备标定档案台账

图12-27　计量部门标定证书

图12-28　仪器设备的使用维护台账

12.4　试验检测人员

12.4.1　数量要求

试验室试验检测人员的数量、资质严格按照招标文件的相关规定进行配备(表12-5)。

马鞍山长江公路大桥工地试验室人员配备规定　　表12-5

试验室名称	中心试验室	驻地监理试验室	承包人试验室
试验室总人数	不少于10人	不少于5人	不少于7人
试验室主任	具备中级及以上职称,持有试验检测工程师证书,5年以上的试验检测经历	具备中级及以上职称,持有试验检测工程师证书,5年以上的试验检测经历	具备中级及以上职称,持有试验检测工程师证书,5年以上的试验检测经历

续上表

试验室名称	中心试验室	驻地监理试验室	承包人试验室
试验工程师	不少于3人,具备中级及以上职称,持有试验检测工程师证书	不少于2人,具备中级及以上职称,持有试验检测工程师证书	不少于2人,具备中级及以上职称,持有试验检测工程师证书
试验检测员	不少于7人,均持有部颁试验检测员证书	不少于3人,均持有部颁试验检测员证书	不少于5人,均持有部颁试验检测员证书

注:1.试验室人员的试验检测专业应与从事的工作相适应。
  2.含路基工程标段承包人试验室总人数不少于8人,试验检测员不少于6人。
  3.各级试验室需另配1~2名试验工。

12.4.2 资格要求

工地试验室技术人员均应持证上岗,从事的试验检测活动应与其取得的资格证书的内容相一致(图12-29)。

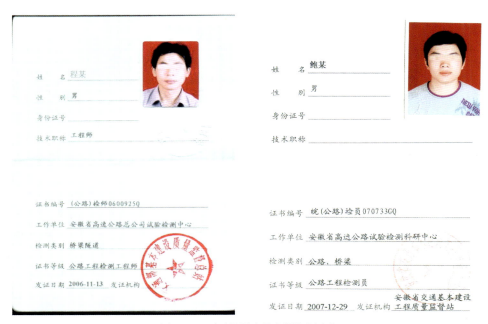

图12-29 试验检测人员必须持有证书

12.4.3 岗前培训及考试

所有工地试验室技术人员均应参加由项目办组织的岗前业务培训,并参加考试,考试合格者方可上岗工作(图12-30、图12-31)。

工地试验室试验检测人员必须通过项目办组织的岗前培训,经考核合格后方可上岗(图12-32)。

图 12-30　试验人员岗前培训

图 12-31　试验人员参加考试

图 12-32　项目办考核

12.5　试验台账及表格

工地试验室应建立完善的试验台账及试验检测表格（包括试验报告台账、仪器使用台账、不合格台账和外委台账等）。

各种试验检测台账须上墙，并要求做到试验台账、仪器使用记录、试验原始记录和试验报告四个一一对应（图 12-33）。

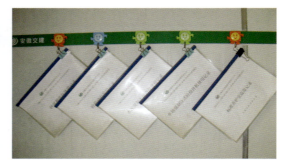
图 12-33　试验台账

室内试验自动化采集的数据必须保存打印小票，并粘贴于试验原始记录簿上，以便核查（图 12-34）。

图 12-34　试验采集数据

试验检测表格固定化,统一制编并发放,试验检测数据定期上传至大桥网络管理集成系统(图 12-35)。

图 12-35　格式化检查

12.6　核查验收

工地试验室建设必须通过项目业主检查和省厅质监站核查验收并备案,同时取得工地试验室合格证书方可从事试验检测工作(图 12-36)。

图 12-36　工地试验室合格证

各单位在执行本《试验检测标准化》过程中,如有疑问请咨询马鞍山长江公路大桥指挥部。

参 考 文 献

[1] 中华人民共和国行业标准.JTG/T F50—2011 公路桥涵施工技术规范[S].北京:人民交通出版社,2011.

[2] 中华人民共和国行业标准.JTG F80/1—2004 公路工程质量评定标准 第一册 土建工程[S].北京:人民交通出版社,2004.

[3] 中华人民共和国国家标准.GB 50496—2009 大体积混凝土施工规范[S].中国标准出版社,2009.

[4] 中华人民共和国行业标准.JG 225—2007 预应力混凝土用金属波纹管[S].北京:人民交通出版社,2007.

[5] 中华人民共和国行业标准.JGJ 18—2012 钢筋焊接及验收规程[S].北京:人民交通出版社,2012.

[6] 中华人民共和国行业标准.TB 10212—2009 铁路钢桥制造规范[S].北京:中国铁道出版社,2009.

[7] 中华人民共和国行业标准.DL/T 868—2004 焊接工艺评定规程[S].

[8] 中华人民共和国行业标准.TBJ 214—1992 铁路钢桥高强度螺栓连接施工规定[S].